DIREITO ADMINISTRATIVO

COM MAIS DE 100 EXERCÍCIOS PARA CONCURSO PÚBLICO

LEONARDO FLACH

DIREITO ADMINISTRATIVO

COM MAIS DE 100 EXERCÍCIOS PARA CONCURSO PÚBLICO

LEONARDO FLACH

2024

Depósito legal na Câmara Brasileira do Livro conforme decreto no. 1.825, de 20 de dezembro de 1907.

Dados internacionais de Catalogação na Publicação (CIP)

Direito Administrativo: com mais de 100 exercícios para concurso público, Leonardo Flach.

> Direito Administrativo: com mais de 100 exercícios para concurso público / Leonardo Flach - 1ª. Ed. – Florianópolis: Amazon, 2024.

ISBN

1. Direito 2. Direito Administrativo 3. Direito Constitucional 4. Concurso 5. Serviço Público 6. Exercícios 7. Concurso Público. I. Flach, Leonardo

---

(Câmara Brasileira do Livro, SP - Brasil

DEDICATÓRIA

Aos meus amados pais, Sinécio e Ilori, e à minha querida irmã Lisandra, todos mestres na arte do conhecimento, cuja paixão pelo ensino e dedicação à educação inspiraram o meu próprio percurso acadêmico e este livro. Obrigado por serem a base sólida do meu crescimento.

A minha incomparável esposa Luísa, meu filho Mateus e minha filha Sofia, que sempre me apoiaram com amor, compreensão e paciência durante as longas horas de pesquisa e escrita. Vocês são a minha fonte inesgotável de inspiração e motivação.

Ao Conselho Nacional de Desenvolvimento Científico e Tecnológico (CNPQ/Brasil), pela generosidade do apoio concedido, que tornou possível a realização deste trabalho. Acreditar no potencial da pesquisa e na importância do conhecimento é um privilégio que jamais esquecerei.

Aos meus alunos, cujas perguntas desafiadoras e curiosidade incansável me incentivaram a aprimorar meu entendimento e a compartilhar este conhecimento. É para vocês que este livro foi escrito, com a esperança de que possa iluminar os caminhos do estudo e do crescimento.

A todos, o meu mais profundo agradecimento por

fazerem parte da minha jornada e por tornarem possível a realização deste trabalho. Dedico este livro com carinho e gratidão.

Na busca pela justiça e equidade, as leis são como faróis, guiando-nos através das névoas da incerteza e conflito. Este livro é um mapa para aqueles que trilham o caminho do Direito, iluminando o percurso com princípios de liberdade, igualdade e fraternidade. Que as páginas seguintes sejam uma bússola para a jornada de todos que se dedicam a servir a justiça, preservando os direitos e garantias fundamentais que são o alicerce de nossa sociedade.

(Leonardo Flach)

APRESENTAÇÃO

Este livro é uma ferramenta essencial para aqueles que estão se preparando para concursos públicos e buscam um conhecimento aprofundado em Direito. Com uma abordagem clara e objetiva, a obra é dividida em três partes principais, cada uma abordando um aspecto crucial do Direito no contexto dos concursos públicos.

I – Direito e Garantias Fundamentais

Esta etapa do livro oferece um estudo detalhado sobre os direitos e deveres individuais e coletivos, fundamentais para a compreensão da cidadania e da justiça social. Tópicos como o direito à vida, à liberdade, à igualdade, à segurança e à propriedade são cuidadosamente explorados. Além disso, os direitos sociais, a nacionalidade e as garantias constitucionais individuais são discutidos, proporcionando uma visão ampla sobre as garantias dos direitos coletivos, sociais e políticos.

II – A Organização do Estado

Esta parte foca na Administração Pública conforme definido nos artigos de 37 a 41 da Constituição Federal de 1988. É uma seção crucial para entender como o Estado é estruturado e gerido, oferecendo insights valiosos sobre os mecanismos de funcionamento do governo e suas entidades.

III - Direito Administrativo

O Direito Administrativo é abordado de maneira extensa e abrangente nesta seção. Os tópicos incluem:

- Conceito, Fontes e Princípios do Direito Administrativo: Um alicerce para compreender a natureza e a fundação do Direito Administrativo.
- Organização Administrativa da União: Discussão sobre a administração direta e indireta.
- Agentes Públicos: Explora os poderes, deveres e prerrogativas, além do regime jurídico dos agentes públicos.
- Poderes Administrativos: Detalha os diferentes poderes (hierárquico, disciplinar, regulamentar, de polícia) e o uso e abuso do poder.
- Ato Administrativo: Análise da validade, eficácia, atributos, extinção, desfazimento e sanatória dos atos administrativos.
- Serviços Públicos: Conceito, classificação, regulamentação e controle, incluindo a delegação através de concessão, permissão e autorização.

- Controle e Responsabilização da Administração: Abrange o controle administrativo, judicial e legislativo, e a responsabilidade civil do Estado.
- Lei do Processo Administrativo: Discussão sobre a Lei nº 9.784/1999 e suas alterações.

Este livro é um recurso indispensável para todos que almejam um entendimento profundo e integrado das leis e regulamentos que regem o setor público no Brasil, sendo um guia de estudos fundamental para candidatos a concursos públicos na área jurídica.

SUMÁRIO

1 DIREITO E GARANTIAS FUNDAMENTAIS

O capítulo sobre Direito e Garantias Fundamentais é essencial para entender o cerne dos direitos humanos e a estrutura da justiça e da lei. Este segmento do Direito constitucional abarca uma gama diversa de direitos e deveres, tanto individuais quanto coletivos, que formam a base de uma sociedade democrática e justa.

Direitos e Deveres Individuais e Coletivos

Esses direitos e deveres são a pedra angular da coexistência humana, equilibrando as liberdades individuais com o bem-estar coletivo. Incluem a proteção contra a discriminação, o direito à liberdade de expressão e religião, e o direito à segurança pessoal. De forma paralela, os deveres coletivos enfatizam a responsabilidade compartilhada pelo bem-estar social e ambiental.

No Brasil, a compreensão dos direitos e deveres individuais e coletivos é fundamental para entender o funcionamento da sociedade e a aplicação da lei. Esses aspectos estão profundamente enraizados na Constituição Federal de 1988, conhecida como a "Constituição Cidadã", que estabelece um marco jurídico para a proteção e o exercício desses direitos e deveres.

Direitos Individuais

Os direitos individuais no Brasil são um conjunto de garantias que asseguram a liberdade pessoal, a segurança, a igualdade perante a lei e a proteção contra qualquer forma de discriminação. Entre eles, destacam-se o direito à vida, à liberdade de expressão, à privacidade, à propriedade e à segurança. A Constituição também assegura o direito ao devido processo legal, o acesso à justiça e a presunção de inocência. Estes direitos são a base para a proteção da dignidade humana e para a construção de um ambiente que respeita as liberdades fundamentais.

Direitos Coletivos

Os direitos coletivos abrangem aqueles direitos que transcendem os interesses individuais, focando no bem-estar da comunidade como um todo. Incluem a proteção do meio ambiente, o direito à cultura, à educação e à saúde. A Constituição enfatiza a importância desses direitos para a construção de uma sociedade justa e equilibrada, onde o desenvolvimento coletivo é tão valorizado quanto o individual.

Deveres Individuais e Coletivos

Tão importantes quanto os direitos são os deveres que cada cidadão e a sociedade como um todo devem observar. Individualmente, os brasileiros têm o dever de cumprir as leis, pagar impostos, votar (para aqueles entre 18 e 70 anos), preservar o meio ambiente e respeitar os direitos dos outros. Coletivamente, a sociedade deve promover a inclusão social, garantir que os direitos sejam acessíveis a todos e trabalhar para o desenvolvimento sustentável do país.

Equilíbrio entre Direitos e Deveres

A lei brasileira procura estabelecer um equilíbrio entre direitos e deveres, reconhecendo que a liberdade de um indivíduo termina onde começa a do outro. Esse equilíbrio é crucial para manter a ordem social e promover um ambiente em que todos possam viver com dignidade e respeito mútuo.

Desafios e Avanços

Apesar da clara definição de direitos e deveres na Constituição, o Brasil enfrenta desafios na implementação e no respeito a esses princípios. Questões como desigualdade social, violência, corrupção e discriminação ainda são obstáculos significativos. No entanto, o país tem feito progressos, com a atuação ativa do sistema judiciário, organizações da sociedade civil e movimentos sociais, buscando garantir que os direitos e deveres sejam respeitados e promovidos.

Em resumo, os direitos e deveres individuais e coletivos no Brasil formam o alicerce sobre o qual a sociedade se constrói e se desenvolve. Eles refletem os valores, as esperanças e os desafios de uma nação que continua a evoluir em sua busca por justiça, igualdade e liberdade para todos os seus cidadãos.

O Direito à Vida no Brasil: Uma Perspectiva Jurídica e Social

No Brasil, o direito à vida é reconhecido como o mais fundamental de todos os direitos humanos e é protegido sob a égide da Constituição Federal de 1988. Este direito serve como alicerce para todos os demais direitos, pois sem a vida, nenhum outro direito pode ser exercido. A compreensão do direito à vida no contexto jurídico e social brasileiro é crucial para a análise dos princípios que norteiam a legislação e as práticas políticas e sociais no país.

Fundamento Constitucional

A Constituição Brasileira, em seu artigo 5º, caput, estabelece o direito à vida como um direito individual inalienável. Este direito é protegido contra qualquer forma de atentado, seja por ação ou omissão do Estado ou de particulares. A proteção à vida é vista não apenas como a proibição da privação da vida, mas também como a obrigação do Estado em garantir condições dignas de vida para seus cidadãos.

Direito à Vida e a Jurisprudência

O Supremo Tribunal Federal (STF), que é a mais alta corte do país, tem um papel crucial na interpretação e na aplicação do direito à vida. Suas decisões muitas vezes envolvem debates complexos que abrangem desde questões de aborto, eutanásia, até o direito à saúde e políticas de segurança pública. Esses julgamentos refletem o constante equilíbrio entre o direito individual à vida e outros direitos e interesses sociais.

Desafios e Controvérsias

Embora o direito à vida seja amplamente

reconhecido, sua aplicação prática no Brasil enfrenta diversos desafios. Questões como a violência urbana e rural, o alto índice de homicídios, a mortalidade materna e infantil, e o acesso limitado a serviços de saúde essenciais são problemas persistentes. Além disso, debates éticos e morais, como a legalização do aborto e da eutanásia, são temas de intensa discussão na sociedade e nos tribunais brasileiros.

Direito à Vida e Políticas Públicas

A efetivação do direito à vida vai além da simples proibição de atos que ameacem a vida. Envolve a criação de políticas públicas que assegurem condições adequadas de saúde, alimentação, moradia e segurança. Isso inclui investimentos em saúde pública, programas de redução da pobreza, políticas de segurança eficazes e justas, e a garantia de direitos sociais básicos.

Educação e Conscientização

Além das medidas legais e políticas, a educação e a conscientização sobre o valor da vida são fundamentais para a construção de uma sociedade mais justa e pacífica. Educar as gerações futuras sobre a importância do respeito à vida é um passo essencial para a redução da violência e para a promoção de uma cultura de paz e tolerância.

Em conclusão, o direito à vida no Brasil é um tema multifacetado, que engloba aspectos legais, éticos, sociais e políticos. Enquanto a legislação brasileira fornece uma sólida base de proteção a esse direito, os desafios na sua implementação e as controvérsias que o cercam refletem a complexidade e a importância desta questão fundamental para a sociedade brasileira.

Os Direitos à Liberdade no Brasil: Uma Análise Jurídica e Contextual

No Brasil, o direito à liberdade ocupa um lugar central no panorama jurídico e social, refletindo os valores fundamentais da democracia e do respeito à dignidade humana. Enraizado na Constituição Federal de 1988, o direito à liberdade abrange várias dimensões, desde a liberdade de expressão e crença até a liberdade de movimento e associação. Este direito é vital para a expressão individual e coletiva, formando a base sobre a qual se assenta uma sociedade plural e aberta.

Liberdade de Expressão e Informação

A liberdade de expressão no Brasil é garantida como um direito fundamental, permitindo aos cidadãos expressarem suas opiniões, ideias e críticas sem medo de censura ou represália do Estado. Essa liberdade é um pilar essencial para a manutenção de uma sociedade democrática, permitindo o debate público, a crítica ao governo e a disseminação de ideias diversas. Juntamente com a liberdade de imprensa, ela desempenha um papel crucial na garantia de transparência e responsabilidade governamental.

Liberdade de Religião e Crença

A liberdade de religião é outro aspecto importante da liberdade no Brasil. O país é marcado por uma rica diversidade religiosa, e a Constituição assegura o direito à liberdade de crença e culto. Isso permite que as pessoas pratiquem suas religiões livremente e sem discriminação, contribuindo para a coexistência pacífica de diferentes crenças e práticas religiosas.

Liberdade de Associação e Reunião

Os brasileiros têm o direito de se associarem livremente para fins culturais, políticos, profissionais ou recreativos. Este direito é fundamental para a organização da sociedade civil, permitindo que grupos se formem e atuem de maneira coletiva para representar interesses, defender causas ou promover mudanças sociais. A liberdade de reunião pacífica também é assegurada, possibilitando protestos, manifestações e encontros públicos.

Desafios à Liberdade

Apesar dessas garantias constitucionais, a liberdade no Brasil enfrenta diversos desafios. Limitações à liberdade de expressão e de imprensa, muitas vezes sob alegações de difamação ou injúria, podem ameaçar a liberdade de expressão. Além disso, a intolerância religiosa e a repressão a manifestações sociais são questões que ainda necessitam ser amplamente abordadas e resolvidas.

A Importância da Vigilância e Participação Cívica

A efetivação dos direitos à liberdade no Brasil depende não apenas de um sistema jurídico robusto, mas também da vigilância constante e participação ativa da sociedade civil. Organizações não governamentais, movimentos sociais, a mídia e os cidadãos desempenham um papel crucial na defesa destes direitos, assegurando que qualquer violação seja reconhecida e confrontada.

Os direitos à liberdade no Brasil são essenciais para a manutenção de uma sociedade democrática e respeitosa. Enquanto o país continua a enfrentar desafios na proteção desses direitos, a sua preservação e fortalecimento são fundamentais para o desenvolvimento social, político e cultural. A liberdade é um bem inestimável, cuja proteção exige um compromisso contínuo de todos os segmentos da sociedade brasileira.

Direito à Igualdade

A igualdade perante a lei é um princípio central do sistema jurídico brasileiro. Este direito busca assegurar que todos os cidadãos sejam tratados sem discriminação de raça, gênero, idade, religião ou qualquer outro critério. A igualdade é também entendida em um sentido mais amplo, abrangendo a igualdade de oportunidades e a busca pela redução das desigualdades sociais e econômicas, que ainda são desafios significativos no país.

Direito à Segurança

O direito à segurança pessoal é um dos aspectos mais desafiadores no contexto brasileiro. Apesar da proteção legal contra a violência e o abuso, o Brasil enfrenta altos índices de criminalidade, o que coloca em xeque a eficácia das políticas de segurança pública. A segurança é um direito fundamental que vai além da proteção contra a criminalidade, englobando a segurança econômica, saúde e bem-estar social.

Direito à Propriedade

O direito à propriedade é resguardado pela Constituição e representa um aspecto crucial da autonomia individual e do desenvolvimento econômico. No entanto, questões relacionadas à propriedade no Brasil frequentemente envolvem complexas disputas sobre a posse de terras e a regularização fundiária, especialmente em áreas rurais e urbanas marginalizadas. A proteção à propriedade privada deve ser equilibrada com o interesse público e com a função social da propriedade.

Desafios e Avanços

Enquanto o Brasil possui uma base legal robusta para a proteção desses direitos, a realidade mostra que há desafios significativos em sua efetivação. A disparidade social, as dificuldades econômicas e os problemas estruturais no sistema de justiça e segurança pública muitas vezes impedem a plena realização desses direitos. No entanto, avanços têm sido feitos através de reformas legais, políticas públicas e ações de organizações da sociedade civil.

Os direitos à liberdade, igualdade, segurança e propriedade são essenciais para o funcionamento de uma sociedade democrática e justa. No Brasil, a luta pela efetivação desses direitos reflete a dinâmica de uma sociedade em constante evolução e desafia o país a encontrar formas de superar as barreiras históricas e sociais para garantir que esses direitos sejam uma realidade para todos os cidadãos.

Direito à Vida, Liberdade, Igualdade, Segurança e Propriedade

Estes são considerados direitos fundamentais. O direito à vida é o mais básico, servindo de fundamento para todos os outros. A liberdade abrange diversas dimensões, incluindo a liberdade de pensamento e movimento. A igualdade assegura que todos são tratados de forma justa e sem discriminação. A segurança pessoal é crucial para a proteção dos indivíduos contra abusos e violências. O direito à propriedade garante que os bens legais de uma pessoa são protegidos pela lei.

Direitos Sociais

Esses direitos visam garantir que as necessidades básicas de cada pessoa sejam atendidas, promovendo a igualdade de oportunidades. Incluem o direito à educação, à saúde, ao trabalho e à moradia, assegurando que todos os membros da sociedade tenham um padrão de vida digno.

Nacionalidade e Cidadania

A nacionalidade é um vínculo jurídico entre um indivíduo e um Estado, enquanto a cidadania confere a participação ativa no processo político e social de um país. Estes conceitos são fundamentais para a identidade individual e coletiva e para o exercício de direitos e deveres políticos.

Garantias Constitucionais Individuais e Coletivas

Estas garantias são mecanismos de proteção dos direitos fundamentais, assegurando que as liberdades individuais e coletivas sejam respeitadas e promovidas. Incluem o direito ao devido processo legal, a proteção contra prisão arbitrária, e o acesso à justiça.

Garantias dos Direitos Coletivos, Sociais e Políticos

Estas garantias asseguram que os direitos dos grupos e comunidades sejam protegidos. Elas são vitais para a manutenção da ordem democrática, permitindo a representação e participação efetiva de diferentes grupos e comunidades na vida política e social.

Os direitos e garantias fundamentais são essenciais para o funcionamento de uma sociedade democrática. Estudá-lo é compreender as bases sobre as quais se constrói a justiça social e a igualdade perante a lei, elementos fundamentais para a construção de um Estado de Direito sólido e justo.

Direitos Sociais no Brasil: Fundamentos, Desafios e Perspectivas

No Brasil, os direitos sociais são entendidos como direitos fundamentais que asseguram a todos os cidadãos condições de vida dignas, promovendo o bem-estar e a justiça social. Enraizados na Constituição Federal de 1988, esses direitos abrangem a educação, a saúde, o trabalho, a moradia, a segurança, a previdência social, a proteção à maternidade e à infância, e a assistência aos desamparados. Eles representam o compromisso do Estado em criar uma sociedade mais igualitária e justa, minimizando as desigualdades sociais e econômicas.

Educação e Saúde como Direitos Sociais Fundamentais

A educação é considerada um direito social primordial no Brasil, essencial para o desenvolvimento individual e coletivo. A Constituição garante o direito à educação gratuita e de qualidade em todos os níveis. Da mesma forma, a saúde é um direito de todos e um dever do Estado, garantido através do Sistema Único de Saúde (SUS), que busca proporcionar acesso universal e igualitário aos serviços de saúde.

Direito ao Trabalho e Condições Justas de Emprego

O direito ao trabalho é protegido pela legislação brasileira, que estabelece condições justas de emprego, remuneração adequada e segurança no trabalho. Leis trabalhistas e previdenciárias buscam assegurar um equilíbrio entre os interesses dos trabalhadores e dos empregadores, promovendo relações de trabalho dignas e seguras.

Moradia, Segurança e Assistência Social

O direito à moradia é crucial para a garantia de um padrão de vida adequado. O Brasil enfrenta desafios significativos nesta área, com um grande número de pessoas vivendo em condições precárias ou sem teto. A segurança e a assistência social também são direitos importantes, visando proteger os mais vulneráveis e promover a inclusão social.

Desafios na Efetivação dos Direitos Sociais

Apesar do forte arcabouço legal, a efetivação dos direitos sociais no Brasil enfrenta desafios significativos. Desigualdades econômicas, deficiências na infraestrutura de serviços públicos, corrupção e políticas ineficazes muitas vezes limitam o acesso a esses direitos. Além disso, a crise econômica e políticas de austeridade podem impactar negativamente a capacidade do Estado de prover serviços sociais essenciais.

A Importância do Engajamento Social e Político

Para que os direitos sociais sejam plenamente realizados, é necessário um engajamento ativo da sociedade civil e dos cidadãos. Movimentos sociais, organizações não governamentais e indivíduos desempenham um papel vital na defesa desses direitos e na pressão por políticas públicas efetivas e inclusivas.

Conclusão

Os direitos sociais no Brasil representam uma aspiração fundamental de uma sociedade que busca equidade e justiça para todos os seus membros. Enquanto o caminho para a plena realização desses direitos é complexo e cheio de desafios, eles continuam a ser um objetivo crucial para o desenvolvimento social e econômico do país. A luta pela garantia dos direitos sociais é, portanto, uma luta contínua pela dignidade, igualdade e o bem-estar de todos os brasileiros.

Questões de Múltipla Escolha sobre Direitos e Garantias Fundamentais no Brasil

1. O que o Artigo 5º da Constituição Federal do Brasil de 1988 garante?
   a) Apenas o direito à liberdade
   b) Direitos e garantias fundamentais

   c) Direitos trabalhistas
   d) Direitos de propriedade
   e) Direitos dos estrangeiros

2. Qual destes é considerado um direito social pela Constituição Brasileira?
   a) Direito ao voto
   b) Direito à educação
   c) Direito à propriedade privada
   d) Direito à liberdade de expressão
   e) Direito de portar armas

3. A igualdade perante a lei, prevista na Constituição Brasileira, proíbe discriminação baseada em:
   a) Idioma e código postal
   b) Renda e status social
   c) Raça, cor, sexo, idade, e outras condições
   d) Preferências musicais
   e) Tipo de vestimenta

4. Qual é o papel do Supremo Tribunal Federal (STF) no contexto dos direitos fundamentais?
   a) Legislar novos direitos
   b) Apenas julgar crimes federais
   c) Interpretar e aplicar a Constituição
   d) Fiscalizar ações do Executivo
   e) Regular a economia

5. O direito à segurança no Brasil abrange:
   a) Apenas segurança pública
   b) Segurança econômica e de saúde
   c) Apenas segurança pessoal
   d) Segurança no emprego
   e) Segurança digital

6. Quais são os dois tipos de liberdade de expressão protegidos pela Constituição Brasileira?
   a) Expressão artística e expressão científica
   b) Expressão religiosa e expressão política
   c) Expressão online e expressão offline
   d) Expressão verbal e expressão não-verbal
   e) Expressão individual e expressão coletiva

7. O direito à vida no Brasil é considerado:
   a) Relativo e negociável
   b) Absoluto, mas com exceções
   c) O mais fundamental de todos
   d) Menos importante que a liberdade
   e) Válido apenas para cidadãos brasileiros

8. Qual é a importância das ações afirmativas no Brasil?
   a) Promover políticas de saúde
   b) Corrigir desequilíbrios históricos

c) Incentivar a economia
d) Fortalecer o sistema político
e) Diminuir a burocracia

9. A liberdade de associação no Brasil permite que as pessoas:
   a) Formem partidos políticos exclusivamente
   b) Se associem apenas em organizações não-governamentais
   c) Criem sindicatos e organizações para fins diversos
   d) Participem de organizações internacionais
   e) Usem redes sociais sem restrições

10. Qual é o foco principal do direito à propriedade no contexto brasileiro?
    a) Proteção do capital estrangeiro
    b) Garantia de posse para fins agrícolas
    c) Proteção contra roubo
    d) Equilíbrio entre propriedade privada e função social
    e) Incentivo ao investimento imobiliário

11. O Sistema Único de Saúde (SUS) no Brasil é um exemplo de:
    a) Política de segurança nacional
    b) Direito social à saúde
    c) Iniciativa privada na saúde

d) Sistema educacional
e) Organização não governamental

12. Em relação aos direitos trabalhistas, a Constituição Brasileira:
   a) Favorece os empregadores
   b) Estabelece condições justas de trabalho
   c) Ignora as normas internacionais
   d) Limita-se a regulamentar o salário mínimo
   e) Aplica-se apenas aos trabalhadores urbanos

13. O direito à educação no Brasil é garantido:
   a) Apenas no ensino fundamental
   b) Em todos os níveis educacionais
   c) Somente em instituições privadas
   d) Apenas para cidadãos brasileiros
   e) Exclusivamente no ensino superior

14. A responsabilidade do Estado na proteção contra a violência é um exemplo de:
   a) Direito à propriedade
   b) Direito à liberdade de movimento
   c) Direito à segurança
   d) Direito à igualdade
   e) Direito à liberdade de expressão

15. A Constituição Brasileira garante aos idosos:
   a) Apenas assistência médica

b) Proteção especial e direitos específicos
c) Somente aposentadoria
d) Direitos limitados em relação aos mais jovens
e) Nenhum direito específico

16. O direito de greve no Brasil é:
   a) Proibido em todos os setores
   b) Permitido, mas com restrições severas
   c) Um direito social fundamental
   d) Limitado apenas aos trabalhadores sindicalizados
   e) Não reconhecido pela Constituição

17. Em relação à moradia, a Constituição Brasileira:
   a) Não menciona o direito à moradia
   b) Considera um direito social básico
   c) Foca apenas na propriedade rural
   d) Deixa a cargo dos municípios
   e) Trata apenas de questões urbanísticas

18. O princípio da igualdade na Constituição visa principalmente:
   a) Promover a meritocracia
   b) Garantir salários iguais
   c) Assegurar tratamento justo e sem discriminação
   d) Fornecer educação idêntica a todos
   e) Distribuir renda de maneira equitativa

19. O direito à assistência social no Brasil é destinado:
    a) A todos os cidadãos igualmente
    b) Apenas aos empregados formais
    c) Aos que dela necessitam, independentemente de contribuição
    d) Exclusivamente aos contribuintes da previdência social
    e) Somente aos residentes urbanos

20. A proteção à maternidade e à infância no Brasil é garantida como:
    a) Uma política de saúde
    b) Um direito social
    c) Uma responsabilidade das famílias
    d) Um serviço opcional
    e) Um programa de educação

21. O que a Constituição Federal de 1988 estabelece como direito fundamental mais básico?
    a) Direito à propriedade
    b) Direito à educação
    c) Direito à vida
    d) Direito à liberdade de expressão
    e) Direito ao trabalho

22. Qual dos seguintes é considerado um direito social no Brasil?

a) Direito à moradia
b) Direito à propriedade privada
c) Direito de votar
d) Direito de portar armas
e) Direito à livre iniciativa

23. A igualdade perante a lei, garantida pela Constituição Brasileira, proíbe discriminação baseada em:
    a) Ideologia política
    b) Nível de renda
    c) Preferências musicais
    d) Escolhas de estilo de vida
    e) Todas as alternativas estão corretas

24. No contexto do direito à liberdade, o que a Constituição Federal de 1988 assegura?
    a) Liberdade de locomoção apenas
    b) Liberdade de expressão e religião
    c) Liberdade de associação para fins ilícitos
    d) Liberdade de trabalho
    e) Liberdade econômica sem restrições

25. Qual é o papel do Sistema Único de Saúde (SUS) no Brasil?
    a) Garantir educação gratuita
    b) Prover seguro de vida para todos os cidadãos
    c) Promover o acesso universal e

igualitário aos serviços de saúde
d) Oferecer emprego público
e) Regular a propriedade privada

26. Qual lei brasileira é conhecida como a "Constituição Cidadã"?
a) Constituição de 1967
b) Código Penal de 1940
c) Constituição Federal de 1988
d) Código Civil de 2002
e) Lei de Diretrizes e Bases da Educação de 1996

27. Qual é o principal desafio para a efetivação do direito à segurança no Brasil?
a) Alta carga tributária
b) Falta de recursos naturais
c) Altos índices de criminalidade
d) Políticas de imigração
e) Desenvolvimento tecnológico

28. Em relação aos direitos dos trabalhadores, o que a legislação brasileira assegura?
a) Direito a salários abaixo do mínimo nacional
b) Condições de trabalho flexíveis sem regulamentação
c) Condições justas de emprego e remuneração adequada
d) Direito de trabalhar sem férias

remuneradas
e) Direito de recusar assistência médica no trabalho

29. Quais são as principais características do direito à propriedade no Brasil?
a) Propriedade sem limites e sem função social
b) Propriedade limitada apenas pelo poder de compra
c) Proteção à propriedade privada e sua função social
d) Propriedade condicionada ao status social
e) Propriedade garantida apenas para cidadãos nascidos no Brasil

30. A igualdade de oportunidades e a redução das desigualdades sociais são alcançadas principalmente por meio de:
a) Políticas de segurança pública
b) Políticas econômicas liberais
c) Ações afirmativas e políticas de inclusão
d) Políticas de desregulamentação financeira
e) Redução da intervenção do Estado na economia

Gabarito Comentado

1. c) A Constituição Federal de 1988, em seu artigo 5º, estabelece os direitos e garantias fundamentais.

2. c) A ação afirmativa no Brasil tem como foco principal corrigir desequilíbrios históricos de discriminação.

3. b) O direito à educação é considerado um direito social fundamental no Brasil.

4. a) A Lei nº 9.784/1999 regula o processo administrativo no âmbito da Administração Pública Federal.

5. d) O Estado é o principal responsável pela garantia dos direitos sociais no Brasil.

6. c) A Lei de Improbidade Administrativa aborda sanções para atos de corrupção.

7. c) O direito ao devido processo legal é um exemplo de garantia constitucional individual.

8. b) O direito à liberdade no Brasil caracteriza-se pela liberdade de expressão e religião.

9. c) O SUS é um exemplo do direito social no Brasil.

10. c) O papel do STF em relação ao direito à vida é interpretar e aplicar a lei.

11. c) A igualdade de oportunidades é um aspecto chave do direito à igualdade.

12. a) A Constituição Federal de 1988 garante educação gratuita e de qualidade em todos os níveis.

13. c) O direito à segurança pessoal é garantido pela Constituição Brasileira.

14. d) A liberdade de imprensa é protegida como parte do direito à liberdade.

15. a) A Lei n° 8.112/1990 foca no Regime Jurídico dos Servidores Públicos Federais.

16. c) No Brasil, a responsabilidade de votar recai sobre cidadãos entre 18 e 70 anos.

17. b) A ação afirmativa no Brasil busca promover a igualdade racial e social.

18. b) Um dos principais desafios para a efetivação do direito à saúde é a infraestrutura de serviços públicos deficiente.

19. c) O direito à moradia representa a garantia

21. c) Direito à vida - A Constituição Federal de 1988 estabelece o direito à vida como o mais fundamental, servindo de base para todos os outros direitos.

22. a) Direito à moradia - Considerado um dos direitos sociais essenciais, assegura condições dignas de habitação para os cidadãos.

23. e) Todas as alternativas estão corretas - A Constituição proíbe discriminação de qualquer tipo, garantindo igualdade perante a lei para todos.

24. b) Liberdade de expressão e religião - A Constituição assegura várias dimensões da liberdade, incluindo expressão e religião.

25. c) Promover o acesso universal e igualitário aos serviços de saúde - O SUS foi criado para garantir que todos os cidadãos tenham acesso a serviços de saúde.

26. c) Constituição Federal de 1988 - Conhecida como "Constituição Cidadã" pela sua abordagem inclusiva e garantia de direitos fundamentais.

27. c) Altos índices de criminalidade - Este é um dos principais desafios para a garantia do direito à segurança no Brasil.

28. c) Condições justas de emprego e remuneração adequada - A legislação brasileira assegura direitos trabalhistas fundamentais para proteger os trabalhadores.

29. c) Proteção à propriedade privada e sua função social - O direito à propriedade no Brasil inclui a proteção legal e a consideração da sua função social.

30. c) Ações afirmativas e políticas de inclusão - Estas políticas são essenciais para promover a igualdade de oportunidades e reduzir desigualdades sociais.

Cidadania

A cidadania abrange uma ampla gama de aspectos legais, sociais e políticos que são fundamentais para a compreensão da identidade nacional e da dinâmica da sociedade brasileira. A cidadania no Brasil é um conceito multifacetado que envolve a garantia de direitos civis, políticos e sociais, bem como a participação ativa dos cidadãos na vida pública e política do país.

A Constituição Brasileira de 1988, conhecida como a "Constituição Cidadã", marcou um ponto de virada na história do Brasil, estabelecendo um novo quadro legal e institucional para a promoção e proteção dos direitos dos cidadãos. Essa Carta Magna reafirma os direitos fundamentais, como a liberdade de expressão, o direito à vida, à igualdade, à segurança e à propriedade. Além disso, introduz significativos avanços no campo dos direitos sociais, como saúde, educação, trabalho e previdência social.

A cidadania brasileira também está intrinsecamente ligada à questão da participação democrática. O Brasil é uma república federativa presidencialista, onde o poder é dividido entre o governo federal, os estados e os municípios. Os cidadãos exercem sua soberania principalmente através do voto, elegendo seus representantes e decidindo sobre questões importantes em referendos e plebiscitos. A participação política é vista como um elemento crucial da cidadania, uma vez que promove a responsabilidade coletiva e o engajamento na construção de uma sociedade mais justa e equitativa.

Entretanto, a realidade da cidadania no Brasil é complexa e enfrenta diversos desafios. As desigualdades sociais e econômicas, que são profundas e historicamente enraizadas, limitam o acesso de muitos brasileiros aos seus direitos fundamentais. Questões como pobreza, discriminação racial, violência urbana e rural, e corrupção política têm impactos significativos na efetivação da cidadania.

Além disso, movimentos sociais e organizações da sociedade civil desempenham um papel crucial na luta pelos direitos dos cidadãos, pressionando o governo e instituições para a implementação de políticas públicas mais inclusivas e justas. Esses movimentos muitas vezes surgem como resposta às falhas do sistema e à falta de representatividade nas estruturas políticas tradicionais, refletindo a dinâmica e a diversidade da sociedade brasileira.

Em resumo, a cidadania no Brasil é um conceito em constante evolução, moldado tanto pelas leis e instituições como pelas lutas sociais e políticas do povo brasileiro. Enquanto a Constituição de 1988 estabeleceu um marco legal para a promoção da cidadania, a realidade cotidiana e os desafios enfrentados pelos cidadãos refletem a jornada contínua do Brasil em direção a uma sociedade mais justa e igualitária.

Garantias constitucionais individuais

O tema das garantias constitucionais individuais no Brasil é central para a compreensão do arcabouço jurídico e dos direitos fundamentais assegurados aos cidadãos. A Constituição Federal de 1988, que é a pedra angular do sistema jurídico brasileiro, estabelece um conjunto robusto de direitos e garantias individuais, refletindo a transição do país para uma democracia plena após um longo período de regime autoritário.

As garantias constitucionais individuais são desenhadas para proteger os cidadãos contra abusos do poder estatal e para assegurar a liberdade, a igualdade e a dignidade humana. Essas garantias abrangem diversos direitos, que podem ser categorizados da seguinte forma:

Direitos Civis

Incluem a proteção da vida, da liberdade, da igualdade e da propriedade. São garantidos o direito à privacidade, à liberdade de expressão, à liberdade de crença e religião, e o direito de ir e vir. A inviolabilidade do domicílio, a liberdade de associação e a proibição de tratamento desumano ou degradante são também asseguradas.

Direitos Políticos

Estes direitos garantem a participação dos cidadãos na vida política do país. Incluem o direito de votar e ser votado, o acesso a cargos públicos, e o direito de participar de plebiscitos, referendos e iniciativas populares.

Garantias Processuais

A Constituição estabelece um conjunto de garantias destinadas a assegurar um processo legal justo. Isso inclui o direito a um julgamento justo e público, o direito a um advogado, a presunção de inocência, o devido processo legal, a garantia contra a autoincriminação, e o direito de habeas corpus.

Direitos Sociais e Econômicos

Embora não sejam tradicionalmente considerados como garantias individuais, a Constituição de 1988 incluiu os direitos sociais e econômicos como fundamentais. Isso reflete uma compreensão mais ampla de liberdade e igualdade, incluindo o direito à educação, saúde, trabalho, lazer, segurança, previdência social, proteção à maternidade e à infância, e assistência aos desamparados.

A implementação efetiva dessas garantias, no entanto, é um desafio contínuo no Brasil. Problemas como a discriminação, a desigualdade social, a violência e a corrupção muitas vezes impedem que esses direitos sejam plenamente realizados para todos os cidadãos. A atuação do sistema judiciário, incluindo o Supremo Tribunal Federal, é crucial na interpretação e na proteção dessas garantias constitucionais.

Ademais, a sociedade civil e os movimentos de direitos humanos desempenham um papel vital em monitorar, denunciar e lutar contra violações desses direitos. A vigilância e a pressão social são componentes essenciais para a manutenção e o fortalecimento das garantias constitucionais individuais no Brasil.

As garantias constitucionais individuais no Brasil representam a espinha dorsal dos direitos e liberdades dos cidadãos. Embora existam desafios significativos na sua implementação, essas garantias são fundamentais para a construção de uma sociedade democrática, justa e igualitária.

O tema dos direitos coletivos, sociais e políticos no Brasil, garantidos pela Constituição Federal de 1988, é um aspecto crucial para entender a estrutura democrática e as políticas de inclusão social no país. Estes direitos, consagrados na Constituição como parte da resposta a um período de regime autoritário, representam um avanço significativo na garantia de uma sociedade mais justa e equitativa.

Direitos Coletivos

Os direitos coletivos no Brasil abrangem principalmente a proteção dos interesses de grupos e comunidades dentro da sociedade. Isso inclui:

- Direito ao Meio Ambiente Ecologicamente Equilibrado: Essencial à sadia qualidade de vida, impondo-se ao poder público e à coletividade o dever de defendê-lo e preservá-lo para as presentes e futuras gerações.

- Direito dos Consumidores: A defesa do consumidor é garantida como um direito coletivo, promovendo a proteção contra práticas comerciais abusivas e produtos perigosos.

- Direitos dos Povos Indígenas: Incluem a proteção de suas culturas, modos de vida, línguas e terras.

Direitos Sociais

Os direitos sociais são fundamentais para garantir condições de vida dignas a todos os cidadãos. Eles incluem:

- Direito à Educação, Saúde e Trabalho: A Constituição assegura o acesso universal à educação e saúde, além de direitos trabalhistas que protegem os trabalhadores.

- Segurança Social: Inclui a proteção em casos de desemprego, doença, invalidez, velhice e morte.

- Direitos à Moradia, Alimentação e Lazer: Reconhecidos como essenciais para o desenvolvimento humano.

Direitos Políticos

Os direitos políticos são a espinha dorsal da democracia brasileira, garantindo a participação ativa dos cidadãos na vida política. Eles englobam:

- Direito de Voto: Inclui o sufrágio universal, o voto direto, secreto e periódico.

- Direito de Participação Política: Cidadãos têm o direito de se organizar politicamente e de participar de processos políticos, como partidos políticos, movimentos sociais e campanhas eleitorais.

- Direito de Petição e Participação Direta: Inclui instrumentos como o plebiscito, o referendo e a iniciativa popular.

A efetivação desses direitos no Brasil, contudo, enfrenta desafios significativos. As disparidades sociais e econômicas, a burocracia e a corrupção são obstáculos frequentes que impedem a plena realização desses direitos. Além disso, o país enfrenta desafios em relação à proteção do meio ambiente e dos direitos dos povos indígenas, frequentemente em conflito com interesses econômicos.

Apesar desses desafios, a Constituição de 1988 representa um marco na luta pelos direitos coletivos, sociais e políticos no Brasil. O fortalecimento desses direitos depende não só de políticas governamentais, mas também da ativa participação da sociedade civil e do engajamento contínuo dos cidadãos na defesa de seus direitos e na construção de uma sociedade mais justa e democrática.

Exercícios

1. A Constituição Federal de 1988 é conhecida como:
   a) Constituição Imperial
   b) Constituição Democrática
   c) Constituição Cidadã
   d) Constituição Republicana
   e) Constituição Progressista

2. Qual é o principal instrumento legal para a proteção dos direitos individuais no Brasil?
   a) Código Penal
   b) Código Civil
   c) Constituição Federal
   d) CLT (Consolidação das Leis do Trabalho)
   e) Lei das Diretrizes e Bases da Educação

3. O direito à liberdade de expressão é um exemplo de qual categoria de direitos?
   a) Direitos Sociais
   b) Direitos Coletivos
   c) Direitos Políticos
   d) Garantias Processuais
   e) Direitos Civis

4. Qual dos seguintes é considerado um direito social pela Constituição Brasileira?
   a) Direito de propriedade
   b) Direito à saúde
   c) Direito ao voto
   d) Direito de ir e vir
   e) Direito à liberdade religiosa

5. O direito ao meio ambiente ecologicamente equilibrado é classificado como um direito:
   a) Individual
   b) Coletivo
   c) Político
   d) Civil
   e) Econômico

6. O habeas corpus é uma garantia contra:
   a) Discriminação racial
   b) Prisão ilegal
   c) Desemprego
   d) Censura

e) Pobreza

7. Quem tem o direito de votar segundo a Constituição Brasileira?
   a) Todos os brasileiros natos
   b) Cidadãos maiores de 16 anos
   c) Apenas cidadãos alfabetizados
   d) Todos os residentes no Brasil
   e) Apenas cidadãos empregados

8. Qual destes é um exemplo de direito político?
   a) Direito à educação
   b) Direito de greve
   c) Direito de participar de partidos políticos
   d) Direito à privacidade
   e) Direito à propriedade

9. A proteção dos direitos dos consumidores é um exemplo de direito:
   a) Civil
   b) Social
   c) Coletivo
   d) Individual
   e) Político

10. A garantia de acesso à justiça é um exemplo de:
    a) Direito Econômico
    b) Direito Social

c) Garantia Processual
d) Direito Civil
e) Direito Coletivo

11. O direito à igualdade perante a lei é um tipo de direito:
a) Social
b) Político
c) Econômico
d) Civil
e) Coletivo

12. A presunção de inocência é um princípio fundamental em qual área?
a) Direitos Econômicos
b) Garantias Processuais
c) Direitos Coletivos
d) Direitos Sociais
e) Direitos Políticos

13. O direito à segurança social em caso de desemprego é um exemplo de:
a) Direito Civil
b) Direito Coletivo
c) Direito Político
d) Direito Social
e) Garantia Processual

14. A Constituição Brasileira garante a proteção especial a qual grupo?

a) Empresários
b) Idosos
c) Turistas
d) Políticos
e) Estudantes

15. O direito à liberdade de associação está relacionado a qual categoria de direitos?
a) Direitos Sociais
b) Direitos Coletivos
c) Direitos Civis
d) Direitos Econômicos
e) Direitos Políticos

16. O direito dos povos indígenas à sua cultura e terras é protegido como um direito:
a) Econômico
b) Civil
c) Coletivo
d) Social
e) Político

17. O direito de greve é classificado como um direito:
a) Civil
b) Social
c) Econômico
d) Coletivo
e) Político

18. O direito à educação é garantido pela Constituição como um direito:
    a) Civil
    b) Coletivo
    c) Político
    d) Social
    e) Econômico

19. A garantia de um julgamento justo é um exemplo de:
    a) Direito Econômico
    b) Direito Social
    c) Garantia Processual
    d) Direito Civil
    e) Direito Coletivo

20. O direito à liberdade religiosa é um exemplo de direito:
    a) Social
    b) Político
    c) Coletivo
    d) Civil
    e) Econômico

Gabarito:
1. c) Constituição Cidadã
2. c) Constituição Federal
3. e) Direitos Civis
4. b) Direito à saúde
5. b) Coletivo
6. b) Prisão ilegal

7. b) Cidadãos maiores de 16 anos
8. c) Direito de participar de partidos políticos
9. c) Coletivo
10. c) Garantia Processual
11. d) Civil
12. b) Garantias Processuais
13. d) Direito Social
14. b) Idosos
15. c) Direitos Civis
16. c) Coletivo
17. b) Social
18. d) Social
19. c) Garantia Processual
20. d) Civil

2 A ORGANIZAÇÃO DO ESTADO

A organização do Estado brasileiro, em especial a administração pública, é regida por princípios e normas estabelecidos nos artigos 37 a 41 da Constituição Federal de 1988. Estes artigos estabelecem as bases para o funcionamento da administração pública, tanto em âmbito federal quanto estadual e municipal, e são fundamentais para entender como o Estado brasileiro opera no que diz respeito à gestão de seus recursos e servidores.

Princípios da Administração Pública (Artigo 37)

O artigo 37 da Constituição introduz os princípios básicos que devem nortear a administração pública. Estes incluem:

- Legalidade: A administração pública só pode agir conforme o que está previsto em lei.

- Impessoalidade: As ações e decisões devem ser tomadas sem favoritismos ou perseguições, visando o interesse público.
- Moralidade: Os atos administrativos devem ser realizados com integridade e ética.
- Publicidade: As ações da administração devem ser divulgadas e transparentes para a sociedade.
- Eficiência: Busca pela máxima efetividade na prestação dos serviços com o mínimo de gastos.

Serviços Públicos e Concurso Público

A Constituição também estabelece que, em regra, o acesso aos cargos, empregos e funções públicas é feito através de concurso público, garantindo igualdade de oportunidades a todos os interessados e a seleção dos mais capacitados. Exceções a essa regra incluem nomeações para cargos em comissão, que são destinados a funções de direção, chefia e assessoramento.

Regime Jurídico dos Servidores Públicos (Artigos 39 a 41)

Os artigos 39 a 41 abordam o regime jurídico dos servidores públicos, incluindo aspectos como:

- Criação de cargos e remuneração: Os cargos

públicos são criados por lei, com a respectiva remuneração.

- Direitos e deveres dos servidores: Incluem estabilidade, aposentadoria, acumulação de cargos, responsabilidades e outras questões relacionadas ao serviço público.

- Estabilidade: Após três anos de efetivo exercício, os servidores nomeados por concurso adquirem estabilidade, protegendo-os de demissões arbitrárias.

- Regime previdenciário: Estabelece normas para a previdência dos servidores, incluindo contribuições e benefícios.

Administração Pública e Responsabilização

A Constituição também prevê mecanismos de responsabilização na administração pública. Os atos de improbidade administrativa, por exemplo, podem levar à perda da função pública, suspensão dos direitos políticos e outras penalidades. A Lei de Improbidade Administrativa (Lei nº 8.429/1992) complementa a Constituição nesse aspecto, definindo atos de improbidade e suas consequências.

Impacto e Importância

Estes artigos da Constituição Federal têm um impacto profundo na forma como o governo opera no Brasil. Eles estabelecem um quadro para garantir que a administração pública atue de forma justa, transparente e eficiente, com o objetivo de servir ao interesse público. A ênfase na legalidade, moralidade, impessoalidade, publicidade e eficiência visa prevenir a corrupção, o nepotismo e o desperdício de recursos públicos, contribuindo para uma gestão pública mais responsável e confiável.

Exercícios

1. Qual princípio da administração pública implica que todas as ações devem seguir o que está estabelecido em lei?
   a) Eficiência
   b) Moralidade
   c) Publicidade
   d) Legalidade
   e) Impessoalidade

2. O princípio da ___________ na administração pública refere-se à necessidade de transparência nas ações governamentais.
   a) Legalidade
   b) Publicidade
   c) Eficiência
   d) Impessoalidade
   e) Moralidade

3. Qual dos seguintes é um modo usual de ingresso no serviço público brasileiro?

a) Nomeação direta
b) Eleição
c) Hereditariedade
d) Concurso público
e) Indicação política

4. De acordo com a Constituição Federal, os cargos em comissão são destinados a:
   a) Funções técnicas especializadas
   b) Todos os servidores públicos
   c) Funções de direção, chefia e assessoramento
   d) Servidores com mais de 10 anos de serviço
   e) Servidores temporários

5. A estabilidade no serviço público é adquirida após quantos anos de efetivo exercício?
   a) 2 anos
   b) 3 anos
   c) 5 anos
   d) 10 anos
   e) 1 ano

6. Qual artigo da Constituição Federal aborda os princípios básicos da administração pública?
   a) Artigo 5
   b) Artigo 37
   c) Artigo 41
   d) Artigo 22

e) Artigo 29

7. A proibição de acumulação remunerada de cargos públicos é uma regra geral, exceto para:
   a) Dois cargos de professor
   b) Um cargo de juiz e um cargo administrativo
   c) Um cargo de médico e um cargo de engenheiro
   d) Dois cargos eletivos
   e) Um cargo de professor e um cargo técnico

8. O regime jurídico dos servidores públicos municipais é definido:
   a) Pela Constituição Federal exclusivamente
   b) Pelas leis estaduais
   c) Pela lei orgânica do município
   d) Pelo Supremo Tribunal Federal
   e) Pelo Congresso Nacional

9. Os atos de improbidade administrativa podem acarretar:
   a) Aumento salarial
   b) Promoção automática
   c) Perda da função pública
   d) Acesso a cargos eletivos
   e) Aumento de férias

10. O princípio da ___________ exige que a administração pública aja com justiça, legalidade e ética.
    a) Legalidade
    b) Publicidade
    c) Eficiência
    d) Impessoalidade
    e) Moralidade

11. A remuneração dos servidores públicos pode ser fixada ou alterada por:
    a) Decreto do presidente
    b) Sentença judicial
    c) Lei específica
    d) Decisão administrativa
    e) Votação popular

12. A Constituição Federal proíbe expressamente a vinculação ou equiparação de vencimentos para o efeito de remuneração de pessoal do serviço público, exceto para:
    a) Militares e civis
    b) Professores e médicos
    c) Magistrados e membros do Ministério Público
    d) Políticos e servidores temporários
    e) Professores e juízes

13. A aposentadoria compulsória de servidores públicos ocorre aos __ anos de idade, com

proventos proporcionais ao tempo de contribuição.

    a) 65
    b) 70
    c) 75
    d) 60
    e) 80

14. Segundo a Constituição, a administração fazendária e seus servidores fiscais terão, dentro de suas áreas de competência e jurisdição, _____________ sobre os demais setores administrativos.

    a) Autonomia
    b) Subordinação
    c) Independência
    d) Precedência
    e) Igualdade

15. A revisão geral anual da remuneração dos servidores públicos deve ocorrer sempre na mesma data e sem distinção de índices, conforme:

    a) Determinação do presidente
    b) Decisão do Supremo Tribunal Federal
    c) Lei específica
    d) Política interna de cada órgão
    e) Acordo sindical

16. O princípio da ___________ na administração

pública visa promover a máxima eficácia com o mínimo de recursos.
   a) Legalidade
   b) Moralidade
   c) Publicidade
   d) Eficiência
   e) Impessoalidade

17. Os servidores públicos podem perder o cargo mediante:
   a) Ação popular
   b) Processo administrativo disciplinar
   c) Decisão judicial exclusiva
   d) Votação dos colegas de trabalho
   e) Decisão do chefe imediato

18. A acumulação de cargos públicos é permitida quando houver compatibilidade de horários e em determinadas situações, como por exemplo:
   a) Dois cargos de juiz
   b) Um cargo de professor e um cargo de médico
   c) Dois cargos legislativos
   d) Dois cargos executivos
   e) Um cargo de engenheiro e um cargo administrativo

19. O direito à livre associação sindical dos servidores públicos é garantido pela

Constituição, no entanto, é proibido aos servidores públicos:
a) O direito de greve
b) A filiação partidária
c) O direito de votar
d) O direito à sindicalização
e) O direito à negociação coletiva

20. As obrigações atribuídas aos servidores públicos que, em razão de suas funções, tenham acesso a informações privilegiadas, são reguladas:
a) Pelo Código Penal
b) Por decreto presidencial
c) Pela lei de cada entidade federativa
d) Pela Constituição Federal
e) Pelo Código Civil

Gabarito

1. d) Legalidade

2. b) Publicidade

3. d) Concurso público

4. c) Funções de direção, chefia e assessoramento

5. b) 3 anos

6. b) Artigo 37

7. a) Dois cargos de professor

8. c) Pela lei orgânica do município

9. c) Perda da função pública

10. e) Moralidade

11. c) Lei específica

12. c) Magistrados e membros do Ministério Público

13. b) 70

14. d) Precedência

15. c) Lei específica

16. d) Eficiência

17. b) Processo administrativo disciplinar

18. b) Um cargo de professor e um cargo de médico

19. e) O direito à negociação coletiva

20. c) Pela lei de cada entidade federativa

3 DIREITO ADMINISTRATIVO: CONCEITO, FONTES E PRINCÍPIOS

O Direito Administrativo é um ramo do Direito Público que se ocupa do estudo da Administração Pública e da relação jurídica entre o Estado e os cidadãos. É um campo essencial para o entendimento de como o Estado organiza e exerce suas funções. Este ramo do direito envolve a análise de normas, princípios e entidades que compõem a estrutura do governo e a forma como ele interage com os indivíduos e outras entidades.

Conceito

O Direito Administrativo pode ser conceituado como o conjunto de normas e princípios que regulam a atividade da Administração Pública, sua organização, seus serviços e a relação com os cidadãos e outras entidades. Este ramo do direito visa assegurar que a Administração Pública atue de acordo com o interesse público, respeitando os direitos e garantias individuais.

Fontes

As fontes do Direito Administrativo são os meios pelos quais se formam as regras jurídicas que compõem esse ramo do direito. Elas incluem:

- Legislação: Leis e regulamentos que definem a estrutura e o funcionamento da Administração Pública.
- Jurisprudência: Conjunto de decisões dos tribunais, que interpreta e aplica as normas administrativas em casos concretos, criando precedentes.
- Doutrina: Trabalhos de acadêmicos e especialistas que analisam, explicam e criticam as normas do direito administrativo.
- Costumes: Práticas reiteradas da administração que, embora não escritas formalmente como lei, são reconhecidas como normativas.
- Princípios Gerais de Direito: Normas fundamentais que orientam a interpretação e aplicação das regras específicas.

Princípios

Os princípios do Direito Administrativo são as bases sobre as quais todo o sistema é construído e servem como orientação para a criação, interpretação e aplicação das leis administrativas. Entre os principais princípios, destacam-se:

- Legalidade: A Administração Pública só pode atuar conforme o que está previsto em lei.

- Impessoalidade: A Administração deve tratar todos os cidadãos de forma igual, sem favorecimentos ou discriminações.

- Moralidade: As ações da Administração devem ser realizadas com ética, honestidade e integridade.

- Publicidade: Os atos administrativos devem ser transparentes e acessíveis ao público.

- Eficiência: Busca pela máxima eficácia nas atividades da Administração, com o uso racional dos recursos.

- Razoabilidade e Proporcionalidade: As decisões administrativas devem ser coerentes com os fins a serem alcançados e proporcionais aos meios utilizados.

- Motivação: Os atos administrativos devem ter suas razões explicitadas, justificando a decisão tomada.

- Supremacia do Interesse Público sobre o Privado: As necessidades da coletividade devem prevalecer sobre os interesses individuais.

O Direito Administrativo, portanto, é um campo dinâmico e fundamental para a governança pública. Ele estabelece as regras e princípios que orientam a atuação do Estado e asseguram a efetividade dos serviços públicos, a legalidade, a transparência e a justiça nas relações entre a Administração e os cidadãos.

Exercícios

1. Direito Administrativo é um ramo do:
   a) Direito Civil
   b) Direito Penal
   c) Direito Público
   d) Direito Privado
   e) Direito Internacional

2. Qual é a principal fonte do Direito Administrativo?
   a) Jurisprudência
   b) Doutrina
   c) Legislação
   d) Costumes
   e) Normas Internacionais

3. O princípio da __________ exige que a Administração Pública atue conforme o que está previsto em lei.
   a) Moralidade
   b) Impessoalidade
   c) Publicidade
   d) Legalidade
   e) Eficiência

4. A igualdade de tratamento dos cidadãos pela Administração Pública é assegurada pelo princípio da:
   a) Legalidade
   b) Eficiência
   c) Impessoalidade
   d) Publicidade
   e) Moralidade

5. A __________ é uma fonte do Direito Administrativo que consiste nas decisões dos tribunais.
   a) Legislação
   b) Doutrina
   c) Jurisprudência
   d) Tradição
   e) Costumes

6. Qual princípio do Direito Administrativo assegura que os atos administrativos sejam realizados com integridade e ética?

a) Legalidade
b) Moralidade
c) Publicidade
d) Impessoalidade
e) Eficiência

7. A transparência dos atos administrativos é garantida pelo princípio da:
   a) Legalidade
   b) Impessoalidade
   c) Eficiência
   d) Publicidade
   e) Moralidade

8. Qual dos seguintes é considerado um princípio do Direito Administrativo?
   a) Lucratividade
   b) Benevolência
   c) Supremacia do interesse público sobre o privado
   d) Autonomia privada
   e) Subjetividade

9. A eficácia nas atividades da Administração, com uso racional dos recursos, é foco do princípio da:
   a) Legalidade
   b) Moralidade
   c) Publicidade
   d) Eficiência

e) Impessoalidade

10. A necessidade de que as decisões administrativas sejam coerentes e proporcionais é parte dos princípios de:
    a) Razoabilidade e proporcionalidade
    b) Legalidade e publicidade
    c) Moralidade e impessoalidade
    d) Eficiência e legalidade
    e) Publicidade e moralidade

11. A obrigatoriedade de a Administração explicitar as razões de suas decisões se relaciona com o princípio da:
    a) Legalidade
    b) Moralidade
    c) Motivação
    d) Publicidade
    e) Eficiência

12. A doutrina, como fonte do Direito Administrativo, consiste em:
    a) Normas internacionais
    b) Decisões judiciais
    c) Trabalhos de acadêmicos e especialistas
    d) Leis e regulamentos
    e) Práticas administrativas reiteradas

13. A proteção aos direitos individuais frente

ao poder de polícia da Administração é uma aplicação do princípio da:
    a) Legalidade
    b) Moralidade
    c) Eficiência
    d) Impessoalidade
    e) Razoabilidade

14. As normas que não estão formalmente escritas, mas são reconhecidas na prática administrativa, são conhecidas como:
    a) Jurisprudência
    b) Doutrina
    c) Legislação
    d) Costumes
    e) Decretos

15. O princípio da _________ determina que as necessidades da coletividade devem prevalecer sobre os interesses individuais.
    a) Legalidade
    b) Supremacia do interesse público sobre o privado
    c) Moralidade
    d) Publicidade
    e) Impessoalidade

16. A responsabilidade da Administração Pública por seus atos, mesmo quando legais, se baseia no princípio da:

a) Legalidade
b) Eficiência
c) Impessoalidade
d) Publicidade
e) Responsabilidade objetiva

17. O controle judicial dos atos administrativos
é uma aplicação do princípio da:
a) Moralidade
b) Legalidade
c) Eficiência
d) Impessoalidade
e) Publicidade

18. A criação de leis específicas para regular a
Administração Pública é um exemplo da
fonte de Direito Administrativo
denominada:
a) Jurisprudência
b) Doutrina
c) Legislação
d) Costumes
e) Princípios gerais de direito

19. A análise crítica e explicativa das normas
administrativas por especialistas é uma
função da:
a) Jurisprudência
b) Doutrina
c) Legislação

d) Costumes
e) Administração Pública

20. O princípio da _________ assegura que as decisões administrativas devem ter suas razões explicitadas.
a) Legalidade
b) Moralidade
c) Publicidade
d) Eficiência
e) Motivação

Gabarito

1. c) Direito Público
2. c) Legislação
3. d) Legalidade
4. c) Impessoalidade
5. c) Jurisprudência
6. b) Moralidade
7. d) Publicidade
8. c) Supremacia do interesse público sobre o privado
9. d) Eficiência
10. a) Razoabilidade e proporcionalidade
11. c) Motivação
12. c) Trabalhos de acadêmicos e especialistas
13. e) Razoabilidade
14. d) Costumes
15. b) Supremacia do interesse público sobre o

privado
16. e) Responsabilidade objetiva
17. b) Legalidade
18. c) Legislação
19. b) Doutrina
20. e) Motivação

4 ORGANIZAÇÃO ADMINISTRATIVA DA UNIÃO; ADMINISTRAÇÃO DIRETA E INDIRETA

A organização administrativa da União no Brasil é um tema fundamental para o entendimento de como o Estado gerencia e executa suas funções. A estrutura administrativa do governo federal é dividida em administração direta e indireta, cada uma com características e funções específicas, mas que juntas formam o aparato pelo qual o Estado atua.

Administração Direta

A administração direta refere-se aos serviços do Estado que são diretamente gerenciados pelo governo central, ou seja, pelos órgãos que integram a estrutura dos Poderes Executivo, Legislativo e

Judiciário. No âmbito do Poder Executivo, isso inclui os ministérios e as secretarias que estão sob o comando direto do Presidente da República.

Nesta esfera, as atividades são realizadas por servidores públicos que compõem a burocracia estatal, sendo estes servidores regidos principalmente pelo regime jurídico estatutário. A administração direta é responsável por funções essenciais do Estado, como defesa nacional, relações exteriores, segurança pública, política econômica e fiscal, entre outras.

Administração Indireta

A administração indireta é composta por entidades com personalidade jurídica própria, criadas por lei, para realizar atividades de interesse público de forma descentralizada. Essas entidades não estão integradas na estrutura organizacional dos poderes do Estado, mas estão vinculadas a um ministério ou secretaria. A administração indireta inclui:

- **Autarquias**: São entidades criadas para executar atividades típicas da administração pública, como regulação, fiscalização e controle de determinados setores. As autarquias possuem autonomia administrativa e financeira, mas estão sujeitas à supervisão do ministério a que estão vinculadas.

- **Fundações Públicas**: Instituídas para realizar atividades de interesse público, principalmente nas áreas de educação, saúde, pesquisa e cultura. As fundações públicas podem ser de direito público ou de direito privado, dependendo da forma como foram instituídas.

- **Empresas Públicas e Sociedades de Economia Mista**: Estas entidades são criadas para explorar atividade econômica ou prestar serviços em que o Estado tenha interesse. As empresas públicas são entidades com capital exclusivamente público, enquanto as sociedades de economia mista têm capital misto, ou seja, composto por recursos públicos e privados. Ambas operam sob o regime jurídico de empresas privadas, mas são controladas pelo governo.

Características e Funções

A organização administrativa da União busca aliar a eficiência e especialização da administração indireta com a autoridade e a centralização da administração direta. Enquanto a administração direta permite um controle mais direto das atividades essenciais do Estado, a administração indireta proporciona flexibilidade, especialização e uma gestão mais próxima do modelo empresarial, o que pode ser vantajoso em determinadas atividades.

Essa estrutura permite que o Estado brasileiro atue em uma ampla gama de setores, desde a prestação de serviços públicos básicos até a participação no domínio econômico, sempre visando o interesse público e a eficiência na gestão pública.

Exercícios

1. A administração direta da União é composta por:
   a) Empresas Públicas
   b) Autarquias
   c) Ministérios
   d) Fundações Públicas
   e) Sociedades de Economia Mista

2. Qual das seguintes é uma característica da administração indireta?
   a) Subordinação direta ao Presidente da República
   b) Autonomia administrativa e financeira
   c) Composta exclusivamente por servidores públicos estatutários
   d) Não realiza atividades de interesse público
   e) Controlada diretamente pelos

Ministérios

3. As autarquias são parte da:
   a) Administração direta
   b) Administração indireta
   c) Estrutura do Poder Judiciário
   d) Organização das Forças Armadas
   e) Estrutura do Poder Legislativo

4. Empresas Públicas e Sociedades de Economia Mista diferem principalmente em:
   a) Área de atuação
   b) Natureza dos serviços prestados
   c) Composição do capital
   d) Regime jurídico dos empregados
   e) Localização geográfica

5. A criação de uma autarquia é realizada por meio de:
   a) Decreto presidencial
   b) Lei específica
   c) Portaria ministerial
   d) Medida provisória
   e) Decisão judicial

6. Fundações Públicas são criadas para:
   a) Realizar atividades de interesse público em áreas como educação e saúde

b) Explorar atividade econômica
c) Exercer o poder de polícia
d) Gerir fundos de pensão
e) Controlar a inflação

7. Qual dos seguintes órgãos é exemplo de administração direta?
   a) Banco do Brasil
   b) Instituto Nacional do Seguro Social (INSS)
   c) Ministério da Saúde
   d) Caixa Econômica Federal
   e) Petrobras

8. O regime jurídico dos empregados de empresas públicas é:
   a) Estatutário
   b) CLT (Consolidação das Leis do Trabalho)
   c) Militar
   d) Contrato temporário
   e) Sem vínculo empregatício

9. A supervisão ministerial sobre entidades da administração indireta é denominada:
   a) Subordinação
   b) Tutela
   c) Coordenação
   d) Vinculação
   e) Hierarquia

10. O principal objetivo da administração indireta é:
    a) Centralizar as atividades do governo
    b) Prestar serviços públicos de forma descentralizada
    c) Implementar políticas militares
    d) Controlar as atividades legislativas
    e) Supervisionar o Poder Judiciário

11. A autonomia gerencial, orçamentária e financeira das entidades da administração indireta significa que elas:
    a) Não estão sujeitas à fiscalização do Tribunal de Contas
    b) Podem criar suas próprias leis
    c) Têm liberdade para gerir seus recursos sem interferência direta
    d) Não precisam seguir as diretrizes do governo
    e) Estão isentas de impostos

12. As sociedades de economia mista são criadas para:
    a) Prestar serviços públicos exclusivamente
    b) Explorar atividade econômica com capital misto
    c) Realizar atividades de caráter legislativo

d) Exercer funções judiciárias
e) Atuar na defesa nacional

13. Qual é o principal instrumento legal para a criação de uma empresa pública?
    a) Uma portaria ministerial
    b) Um decreto do presidente
    c) Uma lei específica
    d) Uma medida provisória
    e) Uma decisão judicial

14. A vinculação de uma autarquia a um ministério implica:
    a) Dependência financeira e administrativa
    b) Subordinação hierárquica direta
    c) Relação de coordenação e controle
    d) Independência operacional completa
    e) Ausência de supervisão ministerial

15. A administração direta é composta por órgãos que:
    a) Têm personalidade jurídica própria
    b) São entidades descentralizadas
    c) Não possuem autonomia financeira
    d) Atuam sob regime de direito privado
    e) São integrados na estrutura dos poderes do Estado

16. O controle externo da administração

indireta é exercido principalmente por:
a) O Ministério Público
b) O Tribunal de Contas
c) O Poder Judiciário
d) A Controladoria-Geral da União
e) O Congresso Nacional

17. As autarquias têm como característica principal:
a) Capital misto
b) Execução de atividades econômicas
c) Autonomia administrativa
d) Vinculação a empresas privadas
e) Subordinação aos ministérios

18. A descentralização administrativa no Brasil visa:
a) Reduzir a eficiência do governo
b) Aumentar a centralização do poder
c) Melhorar a prestação de serviços públicos
d) Diminuir a transparência administrativa
e) Ampliar o controle político

19. Empresas Públicas podem ser constituídas sob a forma de:
a) Sociedade anônima
b) Cooperativa
c) Associação sem fins lucrativos

d) Organização não governamental
e) Parceria público-privada

20. A relação entre a União e as entidades da administração indireta é caracterizada principalmente por:
a) Autonomia e vinculação
b) Hierarquia e subordinação
c) Independência total
d) Fusão operacional
e) Igualdade jurídica

Gabarito

1. c) Ministérios
2. b) Autonomia administrativa e financeira
3. b) Administração indireta
4. c) Composição do capital
5. b) Lei específica
6. a) Realizar atividades de interesse público em áreas como educação e saúde
7. c) Ministério da Saúde
8. b) CLT (Consolidação das Leis do Trabalho)
9. d) Vinculação
10. b) Prestar serviços públicos de forma descentralizada
11. c) Têm liberdade para gerir seus recursos sem interferência direta
12. b) Explorar atividade econômica com capital misto

13. c) Uma lei específica
14. c) Relação de coordenação e controle
15. e) São integrados na estrutura dos poderes do Estado
16. b) O Tribunal de Contas
17. c) Autonomia administrativa
18. c) Melhorar a prestação de serviços públicos
19. a) Sociedade anônima
20. a) Autonomia e vinculação

5 AGENTES PÚBLICOS: PODERES, DEVERES E PRERROGATIVAS

Agentes públicos são indivíduos que, ao ocuparem cargos, empregos ou funções públicas, assumem a responsabilidade de agir em nome do Estado e da sociedade. O conceito abrange uma ampla gama de atores, incluindo funcionários eleitos, nomeados, contratados ou designados para exercer atividades governamentais. Esses agentes estão sujeitos a um conjunto específico de poderes, deveres e prerrogativas que são fundamentais para o entendimento de seu papel e a maneira como interagem com o público e entre si.

Poderes dos Agentes Públicos

Poder Hierárquico: É a capacidade de ordenar, coordenar, controlar e corrigir as atividades dentro da administração pública. Esse poder permite a um agente público superior hierárquico emitir ordens e fiscalizar seus subordinados.

Poder Disciplinar: Relaciona-se com a manutenção da disciplina entre os membros da administração pública. Os agentes têm a autoridade de investigar e punir funcionários públicos em caso de infrações disciplinares.

Poder Regulamentar: Refere-se à capacidade de expedir normas para complementar e assegurar a execução das leis. Esse poder é típico de chefes do executivo e de órgãos reguladores.

Poder de Polícia: Consiste na limitação ou restrição de direitos individuais para o bem-estar da coletividade. Exemplos incluem a fiscalização de atividades econômicas e a imposição de sanções administrativas.

Deveres dos Agentes Públicos

Legalidade: Deve-se agir conforme a lei. Qualquer ação dos agentes públicos deve ter base legal.

Impessoalidade: O agente não deve favorecer ou prejudicar pessoas por razões pessoais. Suas ações devem visar o interesse público.

Moralidade: As ações devem ser éticas e honestas, aderindo aos padrões morais da sociedade e da administração pública.

Publicidade: Há um dever de transparência nas ações, assegurando que as atividades governamentais sejam acessíveis ao conhecimento público.

Eficiência: Espera-se que os agentes públicos desempenhem suas funções de maneira eficaz e econômica, buscando sempre a otimização dos recursos públicos.

Prerrogativas dos Agentes Públicos

Imunidades: Em certos casos, agentes públicos possuem imunidades (parlamentares, por exemplo) para proteção no exercício de suas funções.

Indenizações e Benefícios: Dependendo do cargo, podem ter direito a indenizações, aposentadorias especiais e outros benefícios.

Precedência em Processos: Alguns agentes têm prioridade em processos judiciais ou administrativos.

Proteções Especiais: Certas posições oferecem segurança e proteção especiais devido à natureza do cargo.

Em resumo, os agentes públicos desempenham um papel vital na administração e na execução das políticas públicas, operando dentro de um quadro de poderes, deveres e prerrogativas que visam equilibrar a eficiência governamental com a proteção dos direitos dos cidadãos. Conhecer esses aspectos é crucial para compreender a dinâmica da administração pública e sua interação com a sociedade.

Cargo, emprego e função públicos

O tema de cargo, emprego e função públicos é um tópico fundamental dentro do campo do direito administrativo, sendo essencial para a compreensão da organização e funcionamento da administração pública. Cada um desses termos tem um significado específico e implicações legais distintas, embora frequentemente sejam utilizados de forma intercambiável na linguagem comum.

Cargo Público

O cargo público refere-se a uma posição estabelecida por lei, com denominação própria e atribuições definidas, ocupada por um servidor público. Este servidor é, em geral, admitido por meio de concurso público e possui vínculo estatutário com o Estado. O regime jurídico dos ocupantes de cargos públicos é, normalmente, o estatutário, regido por estatutos específicos, que estabelecem as regras para a sua nomeação, promoção, remuneração, direitos, deveres e regime disciplinar.

Emprego Público

Emprego público é a designação dada às posições de trabalho criadas para atender às necessidades temporárias ou permanentes de entidades governamentais, ocupadas por empregados públicos. Estes empregados são contratados sob o regime da Consolidação das Leis do Trabalho (CLT), o que implica que seus direitos e obrigações são os mesmos dos trabalhadores do setor privado, embora haja peculiaridades devido à natureza pública do empregador. O ingresso em um emprego público também costuma ser feito por meio de concurso público.

Função Pública

Função pública se refere a um conjunto de atribuições e responsabilidades conferidas a um servidor, empregado ou a um cidadão comum em caráter temporário ou não, para o exercício de determinadas atividades na administração pública.

Difere de cargo e emprego público, pois não implica necessariamente a existência de uma relação de trabalho ou emprego formal. Exemplos incluem funções de confiança ou cargos comissionados, destinados, geralmente, a direção, chefia e assessoramento.

Implicações Legais e Distinções

Regime Jurídico: Cargos públicos estão geralmente associados ao regime estatutário, enquanto os empregos públicos seguem o regime celetista. A função pública, por outro lado, pode se aplicar em ambos os contextos ou existir independentemente deles.

Direitos e Benefícios: Os direitos e benefícios, como aposentadoria, estabilidade e férias, variam de acordo com o regime jurídico do servidor ou empregado.

Forma de Provimento: Enquanto cargos e empregos públicos geralmente exigem concurso público para o seu provimento, as funções públicas podem ser preenchidas por nomeação direta, especialmente no caso de funções de confiança.

Demissão e Exoneração: A demissão e exoneração de servidores também seguem regras diferentes conforme o regime jurídico. Enquanto no regime estatutário a exoneração pode ocorrer por questões disciplinares ou de desempenho, no regime celetista a rescisão segue as normas da CLT.

Conclusão

O entendimento claro desses conceitos é essencial para a aplicação correta das leis e políticas que regem a administração pública. A diferenciação entre cargo, emprego e função públicos permite a adequada gestão dos recursos humanos no setor público, garantindo eficiência na prestação de serviços à sociedade e a observância dos princípios da legalidade, impessoalidade, moralidade, publicidade e eficiência que regem a administração pública.

Exercícios

1. O poder hierárquico dos agentes públicos permite:
   a. Aplicar sanções disciplinares.
   b. Criar normas regulamentares.
   c. Ordenar e coordenar atividades dentro da administração.
   d. Limitar direitos individuais.
   e. Nomear funcionários para cargos comissionados.

2. Qual é o regime jurídico predominante dos ocupantes de cargos públicos?

a. Celetista.
b. Estatutário.
c. Temporário.
d. Autárquico.
e. Comissionado.

3. O dever de publicidade significa que o agente público deve:
   a. Publicar todas as informações administrativas.
   b. Atuar de forma transparente.
   c. Divulgar seus atos privados.
   d. Promover publicidade institucional.
   e. Manter publicações oficiais.

4. As funções de confiança são destinadas a:
   a. Servidores de carreira.
   b. Agentes políticos.
   c. Empregados públicos.
   d. Cidadãos comuns.
   e. Servidores temporários.

5. O poder de polícia administrativa está diretamente relacionado com:
   a. Disciplinar servidores públicos.
   b. Criar leis e regulamentos.
   c. Limitar direitos para o bem-estar coletivo.
   d. Fiscalizar atividades econômicas privadas.

e. Exercer controle interno.

6. A moralidade administrativa implica:
   a. Atuar conforme a lei.
   b. Não favorecer ou prejudicar pessoas.
   c. Transparência nas ações.
   d. Agir eticamente.
   e. Desempenho eficiente.

7. A estabilidade é uma garantia para os servidores:
   a. Comissionados.
   b. Temporários.
   c. Celetistas.
   d. Estatutários.
   e. Políticos.

8. Emprego público se diferencia de cargo público por:
   a. Ter um regime jurídico estatutário.
   b. Exigir concurso público para ingresso.
   c. Ser regido pela CLT.
   d. Oferecer maior estabilidade.
   e. Ser exclusivo para funções de confiança.

9. O regime de aposentadoria dos servidores públicos está diretamente relacionado ao seu:

a. Tempo de serviço.
b. Tipo de função exercida.
c. Regime jurídico.
d. Salário.
e. Desempenho.

10. Uma característica exclusiva do cargo público é:
a. Ser criado por lei.
b. Poder ser ocupado após concurso público.
c. Ter atribuições definidas.
d. Ser regido pela CLT.
e. Ser temporário.

11. O princípio da impessoalidade no serviço público implica:
a. Agir sem favorecimentos ou preconceitos.
b. Manter a ordem hierárquica.
c. Trabalhar com eficiência.
d. Respeitar a legalidade.
e. Garantir a segurança jurídica.

12. Qual dos seguintes poderes permite ao agente público expedir normas para assegurar a execução das leis?
a. Hierárquico.
b. Disciplinar.
c. Regulamentar.

    d. Judiciário.

    e. De Polícia.

13. Uma função pública pode ser exercida por:
    a. Apenas servidores efetivos.
    b. Somente agentes políticos.
    c. Qualquer cidadão, dependendo da natureza da função.
    d. Exclusivamente servidores temporários.
    e. Apenas empregados públicos.

14. A exoneração de um servidor público estatutário pode ocorrer por:
    a. Rescisão unilateral pelo empregador.
    b. Desempenho insatisfatório.
    c. Término do contrato de trabalho.
    d. Pedido de demissão pelo empregado.
    e. Expiração do prazo do concurso.

15. Os agentes públicos possuem prerrogativas, que incluem:
    a. Estabilidade no emprego.
    b. Direitos trabalhistas iguais aos do setor privado.
    c. Imunidades em certos casos.
    d. Liberdade total de expressão.
    e. Autonomia ilimitada.

16. O ingresso em emprego público, em regra,

é feito por meio de:

a. Indicação política.

b. Concurso público.

c. Contratação direta.

d. Processo seletivo simplificado.

e. Nomeação pelo superior.

17. Um servidor público pode ser demitido por:

a. Falta de eficiência.

b. Conclusão do projeto de trabalho.

c. Término do mandato político.

d. Redução de pessoal.

e. Aposentadoria compulsória.

18. A função de confiança é destinada a:

a. Direção, chefia e assessoramento.

b. Atividades operacionais.

c. Tarefas temporárias.

d. Posições de nível inicial.

e. Funções técnicas especializadas.

19. O regime celetista para empregados públicos foi adotado com a intenção de:

a. Aumentar a eficiência.

b. Padronizar os regimes jurídicos.

c. Proporcionar maior flexibilidade na gestão de pessoal.

d. Garantir estabilidade absoluta.

e. Diminuir custos com pessoal.

20. A garantia da imunidade parlamentar para agentes políticos visa:
    a. Proteger o agente de processos judiciais.
    b. Assegurar a liberdade de expressão no exercício do mandato.
    c. Conceder privilégios pessoais.
    d. Permitir ações sem responsabilização.
    e. Garantir benefícios econômicos.

Gabarito

1. C - O poder hierárquico se relaciona com a ordenação e coordenação de atividades na administração pública.
2. B - O regime jurídico dos ocupantes de cargos públicos é majoritariamente estatutário.
3. B - O dever de publicidade exige atuação transparente do agente público.
4. A - As funções de confiança são destinadas a servidores de carreira.
5. C - O poder de polícia limita direitos para o bem-estar coletivo.
6. D - A moralidade administrativa implica agir eticamente.
7. D - A estabilidade é uma garantia para os servidores estatutários.
8. C - Emprego público é regido pela CLT,

diferentemente do cargo público.

9. C - O regime de aposentadoria dos servidores públicos depende do seu regime jurídico.

10. A - Uma característica exclusiva do cargo público é ser criado por lei.

11. A - A impessoalidade implica agir sem favorecimentos ou preconceitos.

12. C - O poder regulamentar permite expedir normas para assegurar a execução das leis.

13. C - Uma função pública pode ser exercida por qualquer cidadão, dependendo da natureza da função.

14. B - A exoneração de um servidor estatutário pode ocorrer por desempenho insatisfatório.

15. C - Entre as prerrogativas dos agentes públicos está a possibilidade de ter imunidades em certos casos.

16. B - O ingresso em emprego público é, em regra, feito através de concurso público.

17. A - Um servidor público pode ser demitido por falta de eficiência.

18. A - A função de confiança é destinada a direção, chefia e assessoramento.

19. C - O regime celetista foi adotado para proporcionar maior flexibilidade na gestão de pessoal.

20. B - A imunidade parlamentar visa assegurar a liberdade de expressão no exercício do mandato.

6 REGIME JURÍDICO ÚNICO (LEI Nº 8.112/1990 E SUAS ALTERAÇÕES)

O Regime Jurídico Único, estabelecido pela Lei nº 8.112/1990 e suas posteriores alterações, é um conjunto de normas que regula os direitos, deveres e obrigações dos servidores públicos civis da União, das autarquias e das fundações públicas federais. Esta lei é um marco na administração pública brasileira, pois unificou a legislação referente aos servidores públicos sob um mesmo estatuto. Vou detalhar alguns aspectos importantes desta lei, focando em provimento, vacância, remoção, redistribuição e substituição.

Provimento

Provimento é o ato administrativo que efetiva a investidura de uma pessoa em um cargo público. Existem diversas formas de provimento, sendo as principais:

- Nomeação: para cargos de provimento efetivo (mediante concurso público) ou em comissão (de livre nomeação e exoneração).
- Promoção: avanço do servidor dentro da

carreira.

- Readaptação: mudança de função devido a limitações de saúde do servidor.
- Reversão: retorno à atividade de servidor aposentado sob determinadas condições.
- Aproveitamento: retorno ao serviço ativo de servidor em disponibilidade.
- Reintegração: reinserção do servidor demitido, quando invalidada sua demissão por decisão administrativa ou judicial.
- Recondução: retorno do servidor ao cargo anteriormente ocupado.

Vacância

Vacância é a situação jurídica que se estabelece quando um cargo público efetivo fica desocupado. Pode ocorrer por:

- Exoneração: desligamento a pedido do servidor ou por interesse da administração (em cargos em comissão).
- Demissão: desligamento por justa causa.
- Promoção: quando o servidor ascende a outro cargo.
- Readaptação: em caso de mudança de cargo por limitação de saúde.
- Aposentadoria: saída do serviço ativo por aposentadoria.

- Falecimento: do servidor.

Remoção e Redistribuição

Remoção: é a transferência do servidor, a pedido ou de ofício, no âmbito do mesmo quadro, com ou sem mudança de sede. Pode ser por motivo de saúde, por interesse da administração, ou a pedido, para acompanhar cônjuge ou companheiro.

Redistribuição: deslocamento do cargo de um órgão para outro, mantendo o mesmo vínculo, geralmente por necessidade ou conveniência da administração.

Substituição

A lei também regula a substituição de servidores em cargos de chefia ou direção, ou de natureza especial, durante seus impedimentos legais e temporários. A substituição pode ser automática ou depender de ato específico, com direito à remuneração proporcional, se houver diferença.

Esses aspectos da Lei nº 8.112/1990 são fundamentais para o entendimento do regime dos servidores públicos federais, refletindo em como a administração pública gerencia seu capital humano, assegurando tanto a eficiência do serviço quanto os direitos dos servidores.

O Regime Jurídico Único dos servidores públicos federais, estabelecido pela Lei n° 8.112/1990 e suas alterações subsequentes, constitui um marco na gestão de recursos humanos na administração pública federal do Brasil. Este regime abrange uma ampla gama de disposições, incluindo os direitos e vantagens dos servidores, o regime disciplinar, e as esferas de responsabilidade - civil, criminal e administrativa. Vamos explorar cada um destes aspectos.

Direitos e Vantagens

Os direitos e vantagens dos servidores públicos são componentes essenciais do Regime Jurídico Único. Entre eles, destacam-se:

<u>Vencimentos e vantagens</u>: salários e benefícios como gratificações, adicionais (por tempo de serviço, insalubridade, periculosidade), auxílios (alimentação, transporte) e indenizações (como diárias e ajuda de custo).

<u>Licenças</u>: para capacitação, tratamento de saúde, gestação, paternidade, entre outras.

<u>Aposentadoria</u>: diferentes modalidades de aposentadoria, considerando o tempo de contribuição e as especificidades da função exercida.

<u>Férias anuais remuneradas</u>: com adicional de um terço do salário normal.

<u>Direito de petição</u>: aos órgãos públicos em defesa

de direito ou interesse legítimo.

Regime Disciplinar

O regime disciplinar estabelece as normas de conduta dos servidores e as penalidades aplicáveis em caso de infrações. As principais penalidades são:

- Advertência: para infrações de menor gravidade.
- Suspensão: para faltas mais sérias, podendo ser convertida em multa.
- Demissão: para faltas graves, como abandono de cargo, improbidade administrativa, entre outras.
- Cassação de aposentadoria ou disponibilidade: em casos específicos previstos em lei.
- Destituição de cargo em comissão: para quem não é servidor de carreira.

O processo disciplinar deve assegurar o direito à ampla defesa e ao contraditório.

Responsabilidade Civil, Criminal e Administrativa

A Lei nº 8.112/1990 estabelece que os servidores públicos estão sujeitos à responsabilidade civil, criminal e administrativa, podendo ser independentes entre si.

- Responsabilidade Civil: decorre de ato omissivo ou comissivo, doloso ou culposo, que resulte em prejuízo ao erário ou a terceiros. A reparação do dano pode ser feita diretamente ao lesado ou por ação regressiva, caso o Estado indenize a vítima.
- Responsabilidade Criminal: refere-se aos crimes cometidos pelo servidor no exercício de suas funções ou relacionados a estas. A responsabilização segue o Código Penal e legislações específicas.
- Responsabilidade Administrativa: relaciona-se às infrações disciplinares. É apurada em processo administrativo, com garantia do direito à defesa.

É importante ressaltar que a responsabilidade administrativa do servidor será afastada no caso de absolvição criminal que negue a existência do fato ou sua autoria.

O Regime Jurídico Único, portanto, estrutura de forma abrangente os aspectos legais relacionados ao serviço público federal, visando a eficiência e a moralidade na administração pública, assim como a proteção dos direitos dos servidores.

Exercícios

1. Qual é o objetivo principal da Lei nº 8.112/1990?
   a) Regular a previdência social
   b) Estabelecer o regime jurídico dos servidores públicos civis federais
   c) Organizar as Forças Armadas
   d) Regulamentar a educação básica
   e) Definir regras para empresas privadas

2. O que significa provimento, no contexto do Regime Jurídico Único?
   a) Aposentadoria do servidor
   b) Transferência de um servidor para outro setor
   c) Efetivação de uma pessoa em um cargo público
   d) Processo de demissão de um servidor
   e) Licença para capacitação

3. Qual das seguintes não é uma forma de provimento de cargo público?
   a) Nomeação
   b) Promoção
   c) Demissão
   d) Readaptação
   e) Reintegração

4. O que caracteriza a vacância de um cargo público?
   a) Transferência para outro órgão
   b) Promoção para um cargo superior
   c) Desocupação do cargo
   d) Nomeação para um cargo comissionado
   e) Suspensão temporária do servidor

5. A remoção de um servidor público pode ocorrer por:
   a) Aposentadoria
   b) Pedido do servidor ou de ofício
   c) Processo disciplinar
   d) Exoneração
   e) Recondução ao cargo anterior

6. Qual é a diferença entre remoção e redistribuição?
   a) Remoção é sempre a pedido do servidor, enquanto redistribuição é de ofício
   b) Remoção é a transferência de cargo, e redistribuição é mudança de função
   c) Remoção é dentro do mesmo quadro, e redistribuição é para outro órgão
   d) Não existe diferença legal entre ambos

e) Remoção é temporária, e redistribuição é permanente

7. Em que situação um servidor pode ser substituído?
   a) Durante suas férias
   b) Quando está em licença capacitação
   c) Em seus impedimentos legais e temporários
   d) Após sua aposentadoria
   e) Quando está de licença saúde

8. Qual dos seguintes não é um direito dos servidores públicos segundo a Lei nº 8.112/1990?
   a) Férias remuneradas
   b) Licença-paternidade
   c) Adicional noturno
   d) Participação nos lucros da União
   e) Gratificação natalina

9. Qual é a penalidade máxima prevista no regime disciplinar da Lei nº 8.112/1990?
   a) Suspensão
   b) Advertência
   c) Demissão
   d) Multa
   e) Rebaixamento de cargo

10. Um servidor público pode ser

responsabilizado civilmente por:
a) Atrasos frequentes
b) Prejuízo ao erário por ato doloso ou culposo
c) Faltas injustificadas
d) Não cumprimento de metas
e) Desacordo com a política do governo

11. A responsabilidade criminal de um servidor público está relacionada a:
a) Infrações disciplinares
b) Crimes cometidos no exercício de suas funções
c) Decisões administrativas equivocadas
d) Comportamento ético
e) Violações de normas internas do órgão

12. Qual a consequência da absolvição criminal que negue a existência do fato ou sua autoria?
a) Demissão do servidor
b) Afastamento da responsabilidade administrativa
c) Suspensão das funções públicas
d) Redução salarial
e) Reintegração ao cargo

13. O que é a reintegração no contexto do Regime Jurídico Único?
   a) Retorno ao cargo após licença médica
   b) Recondução do servidor ao cargo anterior
   c) Reinserção de um servidor demitido, após invalidação da demissão
   d) Nomeação para um novo cargo
   e) Promoção para um cargo superior

14. A redistribuição de um servidor pode ocorrer devido a:
   a) Pedido do próprio servidor
   b) Necessidade ou conveniência da administração
   c) Penalidades disciplinares
   d) Mudança de domicílio do servidor
   e) Desempenho insatisfatório

15. Quando um servidor pode ser sujeito a uma ação regressiva pelo Estado?
   a) Após receber uma promoção
   b) Se causar prejuízo ao erário e o Estado indenizar a vítima
   c) Em caso de transferência para outro órgão
   d) Ao se aposentar
   e) Durante o período de prova

16. A exoneração de um servidor público ocorre:
    a) A pedido do servidor ou por interesse da administração
    b) Automaticamente após processo disciplinar
    c) Somente após completar 65 anos de idade
    d) Quando o servidor não passa no estágio probatório
    e) Em caso de incapacidade física comprovada

17. Um servidor em disponibilidade:
    a) Recebe metade do salário
    b) Está aguardando nova nomeação para cargo equivalente
    c) Está em licença não remunerada
    d) Foi demitido por justa causa
    e) Está suspenso de suas funções

18. Qual é o efeito de uma promoção sobre o cargo anteriormente ocupado pelo servidor?
    a) Redução salarial
    b) Permanência no mesmo cargo
    c) Vacância
    d) Transferência para outro servidor
    e) Nomeação de um substituto

19. Em que situação ocorre a recondução?
  a) Quando o servidor retorna do exterior
  b) No retorno ao cargo anteriormente ocupado
  c) Após longo período de licença
  d) Na promoção para um cargo superior
  e) Durante a redistribuição

20. Quais são as garantias do servidor durante o processo administrativo disciplinar?
  a) Direito a férias e licença remunerada
  b) Promoção automática após o processo
  c) Direito à ampla defesa e ao contraditório
  d) Indenização por danos morais
  e) Transferência para outro órgão

Gabarito

1. **b** - A Lei n° 8.112/1990 estabelece o regime jurídico dos servidores públicos civis federais.
2. **c** - Provimento é o ato de efetivar uma pessoa em um cargo público.
3. **c** - Demissão não é uma forma de provimento, mas sim de vacância.
4. **c** - Vacância é a desocupação de um cargo público.

5. **b** - A remoção pode ocorrer a pedido do servidor ou de ofício.

6. **c** - A remoção ocorre dentro do mesmo quadro, enquanto a redistribuição é para outro órgão.

7. **c** - Um servidor pode ser substituído em seus impedimentos legais e temporários.

8. **d** - Não existe participação nos lucros da União para servidores públicos.

9. **c** - A demissão é a penalidade máxima prevista.

10. **b** - A responsabilidade civil pode ocorrer por prejuízo ao erário por ato doloso ou culposo.

11. **b** - A responsabilidade criminal está relacionada a crimes no exercício das funções.

12. **b** - A absolvição criminal que negue a existência do fato ou sua autoria afasta a responsabilidade administrativa.

13. **c** - Reintegração é a reinserção após invalidação de demissão.

14. **b** - A redistribuição ocorre por necessidade ou conveniência da administração.

15. **b** - O Estado pode realizar ação regressiva se indenizar a vítima por prejuízo causado pelo servidor.

16. **a** - A exoneração ocorre a pedido do servidor ou por interesse da administração.

17. **b** - Um servidor em disponibilidade está aguardando nova nomeação.

18. **c** - A promoção causa a vacância do cargo

anterior.

19. **b** - Recondução é o retorno ao cargo anteriormente ocupado.

20. **c** - Direito à ampla defesa e ao contraditório

7 PODERES ADMINISTRATIVOS

O tema dos Poderes Administrativos é essencial para o entendimento da Administração Pública e sua relação com os cidadãos. Estes poderes são instrumentos que o Estado possui para exercer suas funções de forma eficiente, justa e dentro dos limites legais. Eles incluem o poder hierárquico, o poder disciplinar, o poder regulamentar, o poder de polícia, e a distinção entre uso e abuso do poder.

Poder Hierárquico

O poder hierárquico é a capacidade que a Administração tem de organizar, coordenar, controlar e corrigir as atividades administrativas no seu âmbito interno. Este poder permite a distribuição de funções, a delegação e avocação de competências, e a aplicação de sanções disciplinares.

É a base para a estrutura organizacional da Administração Pública, garantindo a eficiência e a ordenação do serviço público.

Poder Disciplinar

O poder disciplinar é a prerrogativa da Administração de aplicar penalidades aos seus servidores e demais pessoas sujeitas à disciplina administrativa em razão de infrações funcionais. Este poder é exercido de acordo com o princípio da legalidade e necessita seguir o devido processo legal, assegurando a ampla defesa e o contraditório.

Poder Regulamentar

O poder regulamentar é a competência que a Administração possui para expedir normas para complementar as leis e tornar possível a sua execução. Este poder é exercido, principalmente, por meio de decretos e regulamentos. É importante notar que o poder regulamentar não pode criar obrigações, direitos ou deveres que não estejam previstos em lei.

Poder de Polícia

O poder de polícia é a capacidade da Administração Pública de limitar ou restringir direitos individuais em benefício do interesse público. Este poder está presente em ações como o controle de ruído, zonamento, normas sanitárias, entre outros. O exercício do poder de polícia deve ser proporcional e adequado ao fim que se deseja alcançar, respeitando os direitos fundamentais dos cidadãos.

Uso e Abuso do Poder

O uso do poder é legítimo quando a Administração age dentro dos limites da lei e com o objetivo de atender ao interesse público. Por outro lado, ocorre abuso de poder quando há excesso (excesso de poder), desvio de finalidade (uso do poder para fins diferentes dos previstos em lei), ou omissão indevida. O abuso de poder é ilegal e gera a possibilidade de controle e responsabilização pela via judicial.

Entender estes poderes administrativos é crucial para a apreciação da dinâmica entre a Administração Pública e os direitos dos cidadãos. Eles são ferramentas fundamentais para a execução das políticas públicas, mas devem ser exercidos com responsabilidade e respeito aos princípios da legalidade, impessoalidade, moralidade, publicidade e eficiência.

Exercícios

1. Qual é a principal característica do poder

hierárquico?
   a) Aplicar penalidades disciplinares.
   b) Restringir direitos individuais.
   c) Organizar as funções administrativas.
   d) Complementar as leis.
   e) Emitir normas técnicas.

2. O poder disciplinar permite à Administração:
   a) Criar obrigações não previstas em lei.
   b) Controlar e corrigir as atividades administrativas.
   c) Aplicar penalidades a servidores por infrações funcionais.
   d) Expedir normas para complementar leis.
   e) Limitar direitos individuais em benefício do interesse público.

3. Qual é a função do poder regulamentar?
   a) Organizar a estrutura administrativa.
   b) Aplicar sanções disciplinares.
   c) Complementar as leis para sua efetiva execução.
   d) Controlar as atividades dos cidadãos.
   e) Delegar funções a servidores inferiores.

4. O poder de polícia é exercido para:
   a) Aplicar penalidades disciplinares.
   b) Organizar a Administração Pública.
   c) Limitar direitos em benefício do

interesse público.

d) Complementar leis por meio de decretos.

e) Gerir recursos humanos na Administração Pública.

5. O abuso de poder ocorre quando:
   a) O servidor atua dentro dos limites legais.
   b) Há uma ação proporcional ao fim desejado.
   c) Existe desvio de finalidade na ação administrativa.
   d) A Administração atua para proteger o interesse público.
   e) São aplicadas penalidades disciplinares justas.

6. A delegação de competências é uma característica do poder:
   a) Disciplinar.
   b) Regulamentar.
   c) De polícia.
   d) Hierárquico.
   e) Legislativo.

7. Um exemplo de exercício do poder de polícia é:
   a) Nomeação de um servidor público.
   b) Sanção de uma lei pelo Presidente.

   c) Fiscalização de normas sanitárias.
   d) Promoção de um servidor por mérito.
   e) Criação de uma regulamentação técnica.

8. A expedição de normas técnicas é uma atribuição do poder:
   a) Hierárquico.
   b) Disciplinar.
   c) Regulamentar.
   d) De polícia.
   e) Legislativo.

9. No âmbito do poder disciplinar, a Administração Pública pode:
   a) Limitar direitos individuais.
   b) Organizar suas atividades internas.
   c) Criar leis.
   d) Aplicar advertências e suspensões a servidores.
   e) Controlar a execução das leis.

10. O desvio de finalidade é uma forma de:
   a) Exercício legítimo do poder.
   b) Abuso de poder.
   c) Poder regulamentar.
   d) Poder hierárquico.
   e) Poder disciplinar.

Gabarito

1. C: O poder hierárquico está relacionado à organização e coordenação das funções administrativas.
2. C: O poder disciplinar permite a aplicação de penalidades a servidores por infrações funcionais.
3. C: O poder regulamentar visa complementar as leis para garantir sua efetiva execução.
4. C: O poder de polícia é utilizado para limitar direitos individuais em prol do interesse público.
5. C: O abuso de poder ocorre em casos como o desvio de finalidade.
6. D: A delegação de competências é uma característica do poder hierárquico.
7. C: Fiscalizar normas sanitárias é um exemplo do exercício do poder de polícia.
8. C: A expedição de normas técnicas é uma função do poder regulamentar.
9. D: O poder disciplinar inclui a aplicação de medidas como advertências e suspensões.
10. B: O desvio de finalidade é um tipo de abuso de poder.

8 ATO ADMINISTRATIVO

O tema Ato Administrativo é um assunto fundamental no estudo do Direito Administrativo. Vamos analisar cada um desses aspectos detalhadamente.

Validade do Ato Administrativo

A validade de um ato administrativo está intimamente ligada à sua conformidade com a lei. Um ato é considerado válido quando é realizado em conformidade com os requisitos legais, incluindo a competência do agente que o pratica, a finalidade pública, a forma prevista em lei, a motivação e o objeto lícito. Se algum desses requisitos for desrespeitado, o ato pode ser invalidado.

Eficácia do Ato Administrativo

A eficácia refere-se à produção de efeitos jurídicos do ato administrativo. Um ato pode ser válido, mas não necessariamente eficaz. A eficácia pode ser condicionada ao cumprimento de determinadas exigências ou ao transcurso de tempo. Por exemplo, um ato administrativo que dependa de aprovação ou homologação por outra autoridade só se torna eficaz após essa aprovação.

Atributos do Ato Administrativo

Os atos administrativos possuem certos atributos que os distinguem:

- Presunção de Legitimidade e Veracidade: presume-se que os atos são legais e verdadeiros até prova em contrário.
- Imperatividade: possibilidade de impor obrigações unilateralmente aos administrados, independentemente de sua concordância.
- Autoexecutoriedade: capacidade de ser executado pela própria administração, sem necessidade de intervenção judicial, em determinadas circunstâncias.
- Tipicidade: os atos administrativos devem corresponder aos tipos previstos em lei.

Extinção do Ato Administrativo

A extinção do ato administrativo ocorre quando ele deixa de produzir efeitos jurídicos. Isso pode acontecer por diversos motivos, como o cumprimento de seu objetivo, o decurso do tempo estabelecido, a revogação (por conveniência ou oportunidade) ou a anulação (por ilegalidade).

Desfazimento do Ato Administrativo

O desfazimento refere-se à eliminação dos efeitos jurídicos de um ato administrativo. Isso pode ser feito através da revogação ou da anulação. A revogação ocorre por razões de conveniência ou oportunidade, sem que o ato seja ilegal. Já a anulação é motivada pela ilegalidade do ato, podendo ser realizada pela própria administração ou pelo Poder Judiciário.

Sanatória do Ato Administrativo

A sanatória envolve a correção de vícios sanáveis em um ato administrativo para evitar a sua anulação. Por exemplo, um ato administrativo que foi emitido com alguma irregularidade formal pode ser convalidado (ou "saneado") pela administração, desde que essa irregularidade não afete a essência do ato ou os direitos de terceiros.

Em resumo, o ato administrativo é um instrumento fundamental para a atuação do Estado, e seu estudo envolve a compreensão de sua validade, eficácia, atributos, e os processos de extinção, desfazimento e sanatória. Esses conceitos são essenciais para garantir que a administração pública atue de forma legal, eficiente e justa.

Classificação do Ato Administrativo
Os atos administrativos podem ser classificados com base em diferentes critérios:

Quanto ao Alcance:

Gerais: produzem efeitos sobre todos os indivíduos que se enquadram em uma determinada situação.
Individuais: afetam especificamente determinadas pessoas ou situações.

Quanto aos Efeitos:

Constitutivos: criam, modificam ou extinguem direitos.
Declaratórios: apenas reconhecem uma situação existente.

Quanto à Formação:

Simples: resultam da vontade de um único órgão.
Compostos: dependem da manifestação de dois ou

mais órgãos.

<u>Complexos</u>: formados pela vontade de mais de um órgão, mas sua eficácia depende da manifestação de vontade de outro órgão.

Espécies de Ato Administrativo

Existem várias espécies de atos administrativos, incluindo:

- Ato Normativo: como decretos e regulamentos, que complementam a lei.
- Ato Ordinatório: como instruções e portarias, que visam organizar o funcionamento da Administração.
- Ato Negocial: como licenças e autorizações, que representam um acordo de vontades.
- Ato Punitivo: como multas e interdições, que impõem sanções.
- Ato Enunciativo: como certidões e atestados, que atestam uma situação existente.

Exteriorização do Ato Administrativo

A exteriorização do ato administrativo é a forma como ele se manifesta, geralmente por escrito, embora possa ocorrer de forma verbal em casos específicos. A exteriorização é essencial para a produção de efeitos jurídicos, e deve seguir a forma prescrita em lei.

Vinculação e Discricionariedade

Um aspecto fundamental dos atos administrativos é a distinção entre vinculação e discricionariedade:

<u>Vinculação</u>: Neste caso, a Administração Pública tem pouco ou nenhum espaço para escolha pessoal. As decisões devem seguir estritamente o que está estipulado em lei. Por exemplo, na concessão de uma licença, se o requerente atende a todos os requisitos legais, a Administração é obrigada a concedê-la.

<u>Discricionariedade</u>: Aqui, a lei confere à Administração certa margem de liberdade para decidir de acordo com o seu entendimento e critério, sempre respeitando os limites legais. Isso permite que a Administração escolha a melhor opção diante das circunstâncias específicas de cada caso, como na escolha de um fornecedor em um processo licitatório.

Em conclusão, a compreensão da classificação, das espécies e da exteriorização dos atos administrativos, bem como o equilíbrio entre vinculação e discricionariedade, é crucial para garantir que a Administração Pública atue de forma eficiente, transparente e legal. Esses conceitos asseguram que os atos administrativos sejam praticados de acordo com o interesse público, respeitando os princípios legais e constitucionais.

Exercícios

1. Qual dos seguintes é um atributo do ato administrativo?
   a) Mutabilidade
   b) Presunção de Legitimidade e Veracidade
   c) Discricionariedade Absoluta
   d) Eficácia Ilimitada
   e) Inexigibilidade

2. Um ato administrativo é considerado válido quando:
   a) Produz os efeitos desejados pelo administrador
   b) Está em conformidade com os requisitos legais
   c) É eficaz imediatamente após a sua realização
   d) É revogável a qualquer momento
   e) Beneficia o maior número de pessoas

3. Qual a principal diferença entre um ato administrativo vinculado e um discricionário?
   a) A finalidade
   b) A forma
   c) O grau de liberdade na decisão
   d) A motivação
   e) O objeto

4. Um ato normativo é um exemplo de qual espécie de ato administrativo?
   a) Ato Negocial
   b) Ato Punitivo
   c) Ato Enunciativo
   d) Ato Normativo
   e) Ato Ordinatório

5. O que é necessário para a extinção de um ato administrativo?
   a) Revogação por conveniência
   b) Anulação por ilegalidade
   c) Cumprimento de seu objetivo
   d) Todas as opções acima
   e) Nenhuma das opções acima

6. A autoexecutoriedade é um atributo que permite à Administração:
   a) Modificar o ato administrativo unilateralmente
   b) Executar o ato administrativo sem intervenção judicial
   c) Presumir a veracidade dos fatos declarados no ato
   d) Revogar o ato administrativo a qualquer momento
   e) Declarar a ilegalidade do ato administrativo

7. O que caracteriza a discricionariedade em um

ato administrativo?
   a) A escolha da Administração dentro dos limites legais
   b) A estrita aderência às normas legais
   c) A ausência de motivação para o ato
   d) A irreversibilidade do ato
   e) A imutabilidade do ato

8. Qual dos seguintes atos administrativos é um exemplo de ato enunciativo?
   a) Decreto
   b) Licença
   c) Certidão
   d) Portaria
   e) Multa

9. A presunção de legitimidade e veracidade do ato administrativo significa que:
   a) Ele é sempre legal e verdadeiro
   b) Não pode ser questionado judicialmente
   c) É considerado legal e verdadeiro até prova em contrário
   d) Sua legalidade e veracidade não podem ser alteradas
   e) Só pode ser revogado pela própria Administração

10. A sanatória de um ato administrativo refere-se a:

a) Sua revogação por conveniência
b) Sua anulação por ilegalidade
c) Sua correção de vícios sanáveis
d) Sua confirmação pelo poder judiciário
e) Sua extinção após cumprimento do objetivo

11. Qual é um exemplo de ato administrativo composto?
a) Uma portaria
b) Uma licença emitida após aprovação de outro órgão
c) Um decreto autônomo
d) Uma certidão de nascimento
e) Uma multa de trânsito

12. A imperatividade de um ato administrativo é a capacidade de:
a) Impor obrigações unilateralmente
b) Ser executado sem intervenção judicial
c) Ser revogado a qualquer momento
d) Produzir efeitos jurídicos imediatamente
e) Ser alterado pela Administração

13. Quando um ato administrativo é revogado, significa que:
a) Foi identificada sua ilegalidade
b) Deixa de produzir efeitos por conveniência

    c) Seu objetivo foi cumprido

    d) Expirou o prazo de sua eficácia

    e) Foi substituído por outro ato mais atual

14. Ato administrativo de alcance geral é aquele que:

    a) Afeta todos os indivíduos de uma categoria específica

    b) Tem efeitos limitados a casos individuais

    c) É emitido por um único órgão

    d) É sempre discricionário

    e) É irreversível e imutável

15. Qual dos seguintes é um exemplo de ato ordinatório?

    a) Uma lei

    b) Uma sentença judicial

    c) Uma instrução de serviço

    d) Uma licença ambiental

    e) Um contrato administrativo

16. Um ato administrativo é anulado quando:

    a) A Administração reconsidera sua decisão

    b) O ato não atinge mais seu objetivo

    c) É identificado que ele é ilegal

    d) O interessado solicita sua revogação

    e) O ato não é mais necessário

17. Qual das seguintes situações caracteriza um ato administrativo vinculado?
    a) A Administração escolhe a melhor alternativa baseada em critérios subjetivos
    b) A Administração tem liberdade total na escolha do ato
    c) A Administração segue critérios objetivos e legais definidos previamente
    d) O ato é emitido sem necessidade de fundamentação
    e) O ato é baseado em uma política interna da Administração

18. Um ato administrativo negocial é caracterizado por:
    a) Impor uma sanção
    b) Regular o funcionamento da Administração
    c) Representar um acordo de vontades
    d) Declarar uma situação existente
    e) Complementar a legislação

19. A forma de um ato administrativo se refere a:
    a) Seus efeitos jurídicos
    b) Sua manifestação exterior
    c) Seu conteúdo e objeto
    d) Seu processo de criação
    e) Sua duração e eficácia

20. O atributo da tipicidade do ato administrativo significa que:
   a) Ele deve ser típico da Administração Pública
   b) Deve corresponder a tipos previstos em lei
   c) Deve ser único e não replicável
   d) Deve ser emitido em forma típica
   e) Deve ser revogável a qualquer momento

Gabarito Comentado

1. b - A presunção de legitimidade e veracidade é um atributo fundamental do ato administrativo, significando que ele é considerado legal e verdadeiro até que se prove o contrário.

2. b - A validade de um ato administrativo é determinada pela sua conformidade com os requisitos legais.

3. c - A principal diferença entre atos vinculados e discricionários reside no grau de liberdade que a Administração possui na sua decisão.

4. d - Um ato normativo, como um decreto ou regulamento, é um exemplo de ato administrativo que complementa a lei.

5. d - Um ato administrativo pode ser extinto por várias razões, incluindo revogação por conveniência, anulação por ilegalidade ou cumprimento de seu objetivo.

6. b - A autoexecutoriedade permite à Administração executar o ato administrativo sem necessidade de intervenção judicial.

7. a - A discricionariedade se refere à liberdade de escolha dentro dos limites legais que a Administração tem ao emitir um ato administrativo.

8. c - Um ato enunciativo, como uma certidão, é um exemplo de ato administrativo que apenas atesta uma situação existente.

9. c - A presunção de legitimidade e veracidade significa que o ato é considerado legal e verdadeiro até que se prove o contrário, podendo ser questionado judicialmente.

10. c - Sua correção de vícios sanáveis

11. b) Uma licença emitida após aprovação de outro órgão. Explicação: Um ato administrativo composto é aquele que, para se aperfeiçoar, depende da verificação ou

aprovação de outro órgão. No caso da licença emitida após aprovação de outro órgão, ela exemplifica bem essa característica.

12. a) Impor obrigações unilateralmente

Explicação: A imperatividade é a característica do ato administrativo que permite à Administração impor obrigações aos administrados, independentemente da concordância destes.

13. b) Deixa de produzir efeitos por conveniência

Explicação: A revogação ocorre quando a Administração, por razões de conveniência ou oportunidade, decide retirar um ato administrativo, que até então era legal, do mundo jurídico.

14. a) Afeta todos os indivíduos de uma categoria específica

Explicação: Atos de alcance geral são aqueles que se dirigem a uma categoria indeterminada de pessoas, como regulamentos e instruções normativas.

15. c) Uma instrução de serviço

Explicação: Atos ordinatórios são aqueles que visam à organização e ao funcionamento da Administração, como instruções, ordens de serviço, e circulares.

16. c) É identificado que ele é ilegal

Explicação: A anulação do ato administrativo ocorre quando este é ilegal. Pode ser feita pela própria Administração ou pelo Poder Judiciário.

17. c) A Administração segue critérios objetivos e legais definidos previamente

Explicação: Em um ato administrativo vinculado, a Administração está obrigada a seguir os critérios e procedimentos estritamente definidos em lei.

18. c) Representar um acordo de vontades

Explicação: Atos administrativos negociais são aqueles que se concretizam mediante a manifestação de vontade do administrado e da Administração, como as licenças e autorizações.

19. b) Sua manifestação exterior

Explicação: A forma do ato administrativo diz respeito à maneira pela qual se exterioriza, podendo ser escrita, oral, ou mesmo por um comportamento concludente.

20. b) Deve corresponder a tipos previstos em lei

Explicação: A tipicidade do ato administrativo refere-se à necessidade de que este se enquadre nos modelos previstos em lei, ou seja, deve corresponder a uma figura típica legalmente estabelecida.

9 SERVIÇOS PÚBLICOS

Este capítulo versa sobre tema Serviços Públicos, abordando o conceito, classificação, regulamentação e controle; delegação: concessão, permissão, autorização. Trata-se de um dos pilares na compreensão da administração pública e do direito administrativo.

Conceito de Serviços Públicos

Serviços públicos são atividades realizadas pelo Estado ou sob sua supervisão, com o objetivo de satisfazer necessidades coletivas de forma direta ou indireta. Esses serviços são essenciais para garantir o bem-estar e o desenvolvimento da sociedade. Podem incluir desde a oferta de educação e saúde até o fornecimento de energia elétrica e transporte público.

Classificação dos Serviços Públicos

A classificação dos serviços públicos pode ser feita sob diferentes critérios, como:

<u>Quanto à Essencialidade</u>: Serviços essenciais (como fornecimento de água) e não essenciais.

<u>Quanto ao Destinatário</u>: Serviços gerais (*ut universi*) que são oferecidos para toda a sociedade, como a segurança pública, e serviços individuais (ut singuli) que são destinados a usuários específicos, como a educação pública.

<u>Quanto à Forma de Prestação</u>: Serviços centralizados, quando prestados diretamente pelo Estado, e descentralizados, quando realizados por outras entidades.

Regulamentação e Controle

A regulamentação dos serviços públicos envolve a criação de normas e diretrizes para sua prestação, garantindo eficiência, qualidade e acesso equitativo. O controle, por sua vez, refere-se à supervisão desses serviços, geralmente exercida por agências reguladoras ou órgãos de controle interno e externo, como tribunais de contas. Este controle pode ser preventivo, concomitante ou *a posteriori*.

Delegação de Serviços Públicos

A delegação é a transferência da execução de um serviço público do Estado para a iniciativa privada, sob diferentes modalidades:

- Concessão: O Estado transfere a

responsabilidade pela prestação do serviço, incluindo a execução de obras ou gestão de infraestruturas, a uma empresa privada por um período determinado, mediante licitação. A empresa assume os riscos e investimentos relacionados e é remunerada através da tarifa cobrada dos usuários.

- Permissão: Similar à concessão, porém geralmente aplicada a serviços de menor complexidade. A permissão é precária, podendo ser revogada a qualquer momento pelo poder concedente.

- Autorização: É a forma mais flexível de delegação, onde o Estado autoriza um particular a prestar um determinado serviço público. Diferente da concessão e permissão, a autorização é mais instável, podendo ser revogada mais facilmente.

Cada uma dessas formas de delegação tem características específicas em termos de duração, condições de prestação do serviço, direitos e obrigações das partes envolvidas, e mecanismos de fiscalização e controle.

Em resumo, os serviços públicos são essenciais para o funcionamento da sociedade e o bem-estar dos cidadãos. Sua regulamentação, controle e a forma de delegação são cruciais para garantir que sejam prestados de maneira eficiente e justa.

Exercícios

1. O que são serviços públicos?
   a) Atividades exclusivamente privadas
   b) Atividades realizadas pelo Estado para atender necessidades coletivas
   c) Serviços prestados unicamente por empresas privadas
   d) Atividades sem fins lucrativos realizadas por ONGs
   e) Serviços prestados exclusivamente no setor de saúde

2. Como os serviços públicos podem ser classificados quanto à essencialidade?
   a) Primários e secundários
   b) Essenciais e não essenciais
   c) Públicos e privados
   d) Centralizados e descentralizados
   e) Gerais e individuais

3. O que caracteriza um serviço público "ut singuli"?
   a) Atende a toda a sociedade indistintamente
   b) É um serviço descentralizado
   c) Destina-se a usuários específicos

    d) É um serviço não essencial

    e) Prestado exclusivamente pelo Estado

4. Qual é o papel das agências reguladoras?
    a) Prestar serviços públicos
    b) Regulamentar e controlar serviços públicos
    c) Delegar serviços públicos
    d) Financiar serviços públicos
    e) Executar políticas públicas

5. O que é concessão no contexto dos serviços públicos?
    a) Transferência de responsabilidade para ONGs
    b) Uma forma de parceria público-privada
    c) Transferência de serviço público para empresa privada por período determinado
    d) Autorização temporária para prestação de serviço público
    e) Concessão de crédito público para empresas privadas

Gabarito Comentado

1. **b) Atividades realizadas pelo Estado para atender necessidades coletivas.** Esta é a definição básica de serviços públicos, que são

essenciais para o bem-estar social e o desenvolvimento da sociedade.

2. **b) Essenciais e não essenciais**. A classificação de serviços públicos quanto à essencialidade diferencia aqueles que são absolutamente necessários para a sociedade (como fornecimento de água e energia) daqueles que não são vitais, mas ainda importantes.

3. **c) Destina-se a usuários específicos**. "Ut singuli" refere-se a serviços públicos destinados a atender necessidades específicas de indivíduos ou grupos, em contraste com os serviços "ut universi", que são para o benefício geral da sociedade.

4. **b) Regulamentar e controlar serviços públicos**. Agências reguladoras são entidades governamentais que supervisionam e regulam serviços públicos, garantindo sua qualidade e acessibilidade.

5. **c) Transferência de serviço público para empresa privada por período determinado**. Concessão é quando o Estado delega a prestação de um serviço público a uma empresa privada, que o opera por um tempo estabelecido sob determinadas condições.

10 CONTROLE E RESPONSABILIZAÇÃO DA ADMINISTRAÇÃO

O controle administrativo refere-se à capacidade que a própria administração pública tem de fiscalizar, revisar e corrigir seus atos e procedimentos. Esse controle é exercido por órgãos internos, como auditorias e ouvidorias, e visa assegurar que a administração atue dentro da legalidade, eficiência e moralidade. Esse tipo de controle é imediato e direto, pois ocorre dentro da própria estrutura administrativa.

Controle Judicial

O controle judicial é exercido pelo Poder Judiciário e tem como objetivo assegurar que os atos da administração pública respeitem as leis e a Constituição. Qualquer cidadão, mediante ação própria, pode acionar o Judiciário caso se sinta prejudicado por ato administrativo. Esse controle é essencial para garantir os direitos individuais e coletivos, servindo como um baluarte contra abusos e ilegalidades cometidas pela administração.

Controle Legislativo

O controle legislativo é realizado pelo Poder Legislativo, que possui diversas ferramentas para fiscalizar e influenciar a administração pública. Entre essas ferramentas estão a realização de audiências públicas, comissões parlamentares de inquérito (CPIs) e a análise de relatórios de gestão. O objetivo é garantir que a administração pública esteja alinhada com as políticas públicas definidas pelos representantes eleitos e com os princípios da administração pública.

Responsabilidade Civil do Estado

A responsabilidade civil do Estado é um princípio jurídico que determina que o Estado deve reparar danos causados a indivíduos ou grupos por ações ou omissões de seus agentes. Esta responsabilidade está vinculada ao princípio da legalidade e da justiça, assegurando que qualquer dano injusto causado pela administração seja compensado. A responsabilidade civil pode ser objetiva (independente de culpa) ou subjetiva (dependente de comprovação de culpa ou dolo), conforme a legislação de cada país.

Conclusão

O controle e a responsabilização da administração são fundamentais para uma gestão pública eficiente, transparente e justa. Os controles administrativo, judicial e legislativo funcionam como mecanismos de balanceamento de poder, prevenindo abusos e garantindo que as ações governamentais estejam em conformidade com as leis e os interesses da sociedade. Além disso, a responsabilidade civil do Estado é um pilar para a manutenção da confiança pública, assegurando que eventuais danos causados pela administração sejam devidamente reparados.

Exercícios

1. O controle administrativo é exercido por:
   a) Poder Judiciário
   b) Poder Legislativo
   c) Órgãos internos da Administração
   d) Entidades privadas
   e) Organizações internacionais

2. Uma das funções do controle judicial é:
   a) Aprovar leis
   b) Fiscalizar gastos públicos
   c) Assegurar a legalidade dos atos administrativos
   d) Nomear administradores públicos

e) Gerir políticas públicas

3. O controle legislativo é realizado principalmente pelo:
   a) Poder Executivo
   b) Poder Judiciário
   c) Poder Legislativo
   d) Ministério Público
   e) Tribunal de Contas

4. A responsabilidade civil do Estado é aplicada quando:
   a) O Estado obtém lucro
   b) Há uma gestão eficiente
   c) Ocorre um dano causado a um cidadão por ação ou omissão do Estado
   d) O Estado promove políticas públicas
   e) Um servidor público é promovido

5. Uma característica do controle administrativo é:
   a) Dependência do Poder Legislativo
   b) Ser exercido por órgãos externos
   c) Ser imediato e direto
   d) Necessitar de autorização judicial
   e) Envolver eleições periódicas

6. O controle judicial sobre a administração pública:
   a) É exercido exclusivamente pelo

Supremo Tribunal Federal
b) Pode ser acionado por qualquer cidadão
c) Limita-se a questões financeiras
d) É realizado apenas em casos excepcionais
e) Não se aplica a atos legislativos

7. O Poder Legislativo exerce controle sobre a administração pública por meio de:
   a) Decretos presidenciais
   b) Súmulas vinculantes
   c) Comissões parlamentares de inquérito
   d) Indicações ministeriais
   e) Decisões judiciais

8. A responsabilidade civil do Estado é geralmente:
   a) Subjetiva, dependendo da comprovação de dolo
   b) Objetiva, independente da comprovação de culpa
   c) Exclusiva em casos de lucro
   d) Aplicável apenas em casos de danos morais
   e) Limitada a danos ambientais

9. Auditorias internas são um exemplo de:
   a) Controle legislativo
   b) Controle judicial

c) Controle administrativo
d) Responsabilidade civil do Estado
e) Controle externo

10. Uma função do controle legislativo é:
a) Executar políticas públicas
b) Nomear juízes
c) Fiscalizar a administração pública
d) Emitir pareceres técnicos
e) Regular o mercado financeiro

11. As ações de improbidade administrativa são um mecanismo de:
a) Controle legislativo
b) Controle administrativo
c) Controle judicial
d) Responsabilidade civil do Estado
e) Gestão financeira

12. A responsabilidade civil do Estado por atos legislativos é:
a) Sempre objetiva
b) Inexistente
c) Sempre subjetiva
d) Dependente da natureza do ato
e) Limitada a casos de emergência

13. O ouvidor é um exemplo de agente de:
a) Controle legislativo
b) Controle judicial

c) Controle administrativo
d) Fiscalização financeira
e) Regulação de mercado

14. Comissões Parlamentares de Inquérito (CPIs) são utilizadas no controle:
    a) Administrativo
    b) Judicial
    c) Legislativo
    d) Financeiro
    e) Executivo

15. A responsabilidade civil do Estado pode ser acionada em casos de:
    a) Benefícios fiscais
    b) Promoções internas
    c) Danos causados por atos de servidores públicos
    d) Implementação de políticas públicas
    e) Decisões judiciais

16. O controle judicial é importante para garantir:
    a) Eficiência administrativa
    b) Harmonia entre os poderes
    c) Respeito aos direitos individuais e coletivos
    d) Desenvolvimento econômico
    e) Transparência legislativa

17. O controle administrativo é menos formal que

o controle:
a) Financeiro
b) Judicial
c) Legislativo
d) Executivo
e) Internacional

18. As audiências públicas são um exemplo de:
a) Controle administrativo
b) Controle judicial
c) Controle legislativo
d) Responsabilidade civil do Estado
e) Política pública

19. A responsabilidade civil do Estado é um princípio que assegura:
a) Lucro ao Estado
b) Indenização em caso de dano
c) Controle sobre entidades privadas
d) Fiscalização ambiental
e) Eficiência dos servidores públicos

20. O controle legislativo pode ser efetivado por meio de:
a) Decisões do Supremo Tribunal Federal
b) Pareceres técnicos do Poder Executivo
c) Relatórios de gestão e fiscalização de atos administrativos
d) Atuação direta na administração pública
e) Emissão de normas regulamentadoras

Gabarito comentado

1. **C** - O controle administrativo é exercido internamente pelos próprios órgãos da administração.
2. **C** - O Judiciário assegura que os atos da administração respeitem as leis.
3. **C** - O controle legislativo é uma prerrogativa do Poder Legislativo.
4. **C** - O Estado é responsável por danos causados a cidadãos por suas ações ou omissões.
5. **C** - O controle administrativo é imediato e ocorre dentro da própria estrutura administrativa.
6. **B** - Qualquer cidadão pode acionar o Judiciário contra atos da administração.
7. **C** - CPIs são um mecanismo de controle do Poder Legislativo.
8. **B** - A responsabilidade civil do Estado geralmente é objetiva, não dependendo da culpa.
9. **C** - Auditorias internas são um exemplo de controle administrativo.
10. **C** - Uma função chave do Legislativo é fiscalizar a administração pública.
11. **C** - Ações de improbidade administrativa são um mecanismo de controle judicial.
12. **D** - A responsabilidade por atos legislativos depende da natureza do ato.

13. **C** - O ouvidor é um agente de controle administrativo.
14. **C** - CPIs são uma ferramenta do controle legislativo.
15. **C** - O Estado pode ser responsabilizado civilmente por danos causados por servidores.
16. **C** - O controle judicial protege direitos individuais e coletivos.
17. **B** - O controle administrativo é menos formal que o judicial.
18. **C** - Audiências públicas são um meio de controle legislativo.
19. **B** - A responsabilidade civil do Estado garante indenização em caso de dano.
20. **C** - O Legislativo utiliza relatórios de gestão e fiscalização para exercer seu controle.

11 SANÇÕES APLICÁVEIS AOS ATOS DE IMPROBIDADE ADMINISTRATIVA

A Lei n° 8.429, de 2 de junho de 1992, conhecida como Lei de Improbidade Administrativa, é um instrumento fundamental no combate à corrupção no Brasil. Ela estabelece sanções aplicáveis aos agentes públicos em casos de atos de improbidade administrativa. Esses atos são classificados em três categorias: enriquecimento ilícito, prejuízo ao erário e violação aos princípios da administração pública.

Enriquecimento Ilícito (Art. 9): Caracteriza-se quando o agente público obtém vantagem patrimonial indevida em razão do exercício de cargo, mandato, função, emprego ou atividade nas entidades mencionadas na lei. As sanções para este tipo de ato incluem a perda dos bens ou valores acrescidos ilicitamente ao patrimônio, ressarcimento integral do dano, perda da função pública, suspensão dos direitos políticos de 8 a 10 anos, pagamento de multa civil de até três vezes o valor do acréscimo patrimonial e proibição de contratar com o poder público ou receber benefícios fiscais ou creditícios, direta ou indiretamente, ainda que por intermédio de pessoa jurídica da qual seja sócio majoritário, pelo prazo de 10 anos.

Prejuízo ao Erário (Art. 10): Ocorre quando a ação ou omissão do agente público causa perda patrimonial, desvio, apropriação, malbaratamento ou dilapidação dos bens ou haveres das entidades. As sanções incluem ressarcimento integral do dano, perda dos bens ou valores acrescidos ilicitamente ao patrimônio, se concorrer esta circunstância, perda da função pública, suspensão dos direitos políticos de 5 a 8 anos, pagamento de multa civil de até duas vezes o valor do dano e proibição de contratar com o poder público ou receber benefícios ou incentivos fiscais ou creditícios, direta ou indiretamente, ainda que por meio de pessoa jurídica da qual seja sócio majoritário, pelo prazo de 5 anos.

Violação aos Princípios da Administração Pública (Art. 11): Esta categoria abrange atos que não configuram enriquecimento ilícito ou prejuízo ao erário, mas que violam os princípios da legalidade, impessoalidade, moralidade, publicidade e eficiência. As sanções para esses atos incluem ressarcimento integral do dano, se houver, perda da função pública, suspensão dos direitos políticos de 3 a 5 anos, pagamento de multa civil de até cem vezes o valor da remuneração percebida pelo agente e proibição de contratar com o poder público ou receber benefícios ou incentivos fiscais ou creditícios, direta ou indiretamente, ainda que por meio de pessoa jurídica da qual seja sócio majoritário, por um prazo de três anos.

As alterações mais recentes nessa legislação visam aprimorar os mecanismos de combate à improbidade administrativa, tornando as punições mais efetivas e ampliando a abrangência da lei para alcançar um número maior de situações e agentes públicos. É importante frisar que a Lei de Improbidade Administrativa é uma ferramenta vital para a manutenção da integridade nas instituições públicas e para a promoção de uma gestão pública eficiente e ética.

Exercícios

1. Qual é o objetivo principal da Lei de Improbidade Administrativa (Lei nº 8.429/1992)?
   a) Regulamentar o processo eleitoral.
   b) Combater a corrupção no serviço público.
   c) Estabelecer normas para concursos públicos.

d) Regulamentar a aposentadoria dos servidores públicos.

e) Definir os salários dos servidores públicos.

2. O que caracteriza um ato de enriquecimento ilícito sob a Lei de Improbidade Administrativa?

a) Receber salário acima do teto constitucional.

b) Obter vantagem patrimonial indevida em razão do exercício de cargo público.

c) Negligenciar as funções do cargo público.

d) Realizar greves no setor público.

e) Não declarar bens no imposto de renda.

3. Qual das seguintes sanções NÃO é aplicável em casos de improbidade administrativa que resulte em enriquecimento ilícito?

a) Ressarcimento integral do dano.

b) Suspensão dos direitos políticos de 8 a 10 anos.

c) Prisão preventiva.

d) Perda da função pública.

e) Proibição de contratar com o poder público.

4. A violação de qual princípio NÃO é considerada um ato de improbidade administrativa pela Lei nº 8.429/1992?
   a) Legalidade.
   b) Impessoalidade.
   c) Publicidade.
   d) Eficiência.
   e) Sustentabilidade.

5. Qual é a consequência de um ato de improbidade que causa prejuízo ao erário?
   a) Suspensão dos direitos políticos por até 5 anos.
   b) Suspensão dos direitos políticos de 5 a 8 anos.
   c) Suspensão dos direitos políticos de 8 a 10 anos.
   d) Suspensão dos direitos políticos por tempo indeterminado.
   e) Não há suspensão dos direitos políticos.

6. A proibição de contratar com o poder público como sanção por improbidade administrativa tem duração máxima de:
   a) 3 anos.
   b) 5 anos.
   c) 8 anos.
   d) 10 anos.
   e) 15 anos.

7. Quem pode ser sujeito às sanções da Lei de Improbidade Administrativa?
   a) Somente servidores públicos efetivos.
   b) Qualquer agente público, inclusive terceiros que induzam ou se beneficiem do ato.
   c) Apenas membros do Poder Executivo.
   d) Apenas agentes políticos.
   e) Apenas servidores públicos temporários.

8. A perda da função pública como sanção por ato de improbidade administrativa implica:
   a) Demissão imediata do serviço público.
   b) Suspensão temporária do cargo.
   c) Redução salarial.
   d) Transferência compulsória.
   e) Aposentadoria compulsória.

9. Qual é a instância judicial competente para julgar ações de improbidade administrativa?
   a) Tribunal de Contas.
   b) Justiça Federal.
   c) Justiça Eleitoral.
   d) Justiça Militar.
   e) Justiça do Trabalho.

10. A improbidade administrativa que atenta contra os princípios da administração pública

pode resultar em multa civil de até quantas vezes o valor da remuneração percebida pelo agente?

a) 50 vezes.
b) 100 vezes.
c) 150 vezes.
d) 200 vezes.
e) Não há previsão de multa civil para esta categoria.

Gabarito comentado

1. Qual é o objetivo principal da Lei de Improbidade Administrativa (Lei nº 8.429/1992)?

   - Resposta correta: b) Combater a corrupção no serviço público.
   - Comentário: A Lei de Improbidade Administrativa visa prevenir e punir atos de corrupção e improbidade no serviço público, assegurando a integridade e a moralidade administrativa. As demais opções não se relacionam diretamente com os objetivos dessa lei.

2. O que caracteriza um ato de enriquecimento ilícito sob a Lei de Improbidade Administrativa?

- Resposta correta: b) Obter vantagem patrimonial indevida em razão do exercício de cargo público.
- Comentário: O enriquecimento ilícito ocorre quando um agente público obtém vantagem patrimonial indevida em razão de sua posição ou função. As outras opções não caracterizam especificamente o enriquecimento ilícito conforme definido na lei.

3. Qual das seguintes sanções NÃO é aplicável em casos de improbidade administrativa que resulte em enriquecimento ilícito?
   - Resposta correta: c) Prisão preventiva.
   - Comentário: A Lei de Improbidade Administrativa não prevê prisão como sanção. Ela estabelece sanções administrativas, civis e políticas, como multa, perda da função pública e suspensão dos direitos políticos.

4. A violação de qual princípio NÃO é considerada um ato de improbidade administrativa pela Lei n° 8.429/1992?
   - Resposta correta: e) Sustentabilidade.
   - Comentário: A Lei de Improbidade Administrativa trata da violação dos princípios da legalidade, impessoalidade, moralidade, publicidade e eficiência. O princípio da

sustentabilidade não está diretamente abordado nesta lei.

5. Qual é a consequência de um ato de improbidade que causa prejuízo ao erário?
   - Resposta correta: b) Suspensão dos direitos políticos de 5 a 8 anos.
   - Comentário: A lei prevê a suspensão dos direitos políticos de 5 a 8 anos para atos que causam prejuízo ao erário, além de outras sanções como multa e ressarcimento ao erário.

6. A proibição de contratar com o poder público como sanção por improbidade administrativa tem duração máxima de:
   - Resposta correta: b) 5 anos.
   - Comentário: A lei estabelece que a proibição de contratar com o poder público e receber benefícios ou incentivos fiscais ou creditícios tem uma duração máxima de 5 anos.

7. Quem pode ser sujeito às sanções da Lei de Improbidade Administrativa?
   - Resposta correta: b) Qualquer agente público, inclusive terceiros que induzam ou se beneficiem do ato.
   - Comentário: A lei se aplica a qualquer agente público, e também a terceiros que, mesmo não sendo agentes públicos, se beneficiem ou contribuam para a prática de atos de improbidade.

8. A perda da função pública como sanção por ato de improbidade administrativa implica:
   - Resposta correta: a) Demissão imediata do serviço público.
   - Comentário: A perda da função pública é uma das sanções previstas pela Lei de Improbidade Administrativa e implica na demissão imediata do agente público do serviço público.

9. Qual é a instância judicial competente para julgar ações de improbidade administrativa?
   - Resposta correta: b) Justiça Federal.
   - Comentário: Em regra, a competência para julgar ações de improbidade administrativa é da Justiça Federal. No entanto, existem situações em que a competência pode ser da Justiça Estadual, dependendo do caso específico.

10. A improbidade administrativa que atenta contra os princípios da administração pública pode resultar em multa civil de até quantas vezes o valor da remuneração percebida pelo agente?
    - Resposta correta: b) 100 vezes.
    - Comentário: A lei estabelece que a multa civil pode ser de até 100 vezes o valor da remuneração percebida pelo agente público, dependendo da

gravidade do ato de improbidade praticado.

12 LEI DO PROCESSO ADMINISTRATIVO

A Lei do Processo Administrativo, regulamentada pela Lei n° 9.784, de 29 de janeiro de 1999, no Brasil, estabelece normas básicas sobre o processo administrativo no âmbito da Administração Pública Federal, abrangendo tanto a Administração Direta quanto a Indireta. Esta lei veio com o intuito de promover maior eficiência, eficácia e transparência nos procedimentos administrativos, assegurando direitos fundamentais dos administrados e respeitando princípios constitucionais.

Um dos aspectos centrais da Lei n° 9.784/1999 é a ampla defesa e o contraditório, garantindo que os cidadãos tenham oportunidade de se manifestar e apresentar elementos antes de uma decisão final da administração. Este aspecto é fundamental para a democracia e para a justiça administrativa, assegurando um processo mais justo e equitativo.

Outro ponto importante é a questão da motivação de todos os atos administrativos. A Lei exige que as decisões sejam fundamentadas, expondo claramente os motivos que levaram àquela determinação. Isso contribui para a transparência e permite que as decisões administrativas sejam melhor compreendidas e eventualmente contestadas pelos cidadãos.

Além disso, a Lei do Processo Administrativo também trata da duração razoável do processo, procurando evitar atrasos e garantindo uma resolução ágil dos assuntos administrativos. Isso visa reduzir a burocracia e melhorar a eficiência dos serviços públicos.

Desde sua promulgação, a Lei nº 9.784/1999 passou por algumas alterações. Essas modificações visam aprimorar continuamente o processo administrativo, adaptando-o às novas realidades e necessidades da sociedade e do Estado. Por exemplo, alterações podem abordar questões como prazos processuais, procedimentos eletrônicos e mecanismos de controle.

Em suma, a Lei do Processo Administrativo é um marco na administração pública brasileira, estabelecendo regras claras e democráticas para o funcionamento dos processos administrativos. Ela representa um avanço significativo na forma como a Administração Pública interage com os cidadãos, promovendo maior justiça, transparência e eficiência.

Exercícios

1. Qual é o objetivo principal da Lei nº 9.784/1999?
   a) Regular o processo penal.
   b) Estabelecer normas para o processo administrativo na Administração Pública Federal.
   c) Organizar o processo legislativo.
   d) Definir regras para o processo civil.
   e) Estabelecer diretrizes para a administração privada.

2. O que a Lei do Processo Administrativo assegura em relação à defesa e ao contraditório?
   a) Restrição ao direito de defesa.
   b) Negação do contraditório.
   c) Ampla defesa e contraditório.
   d) Defesa apenas em instâncias superiores.
   e) Contraditório somente após a decisão final.

3. Sobre a motivação dos atos administrativos, a

Lei nº 9.784/1999 determina que:
   a) Não é necessária para atos administrativos.
   b) É opcional para o administrador.
   c) Deve ser expressa apenas em atos discricionários.
   d) Deve ser expressa em todos os atos administrativos.
   e) É necessária apenas para atos vinculados.

4. A Lei do Processo Administrativo se aplica a:
   a) Apenas a Administração Pública Federal Direta.
   b) Somente a entidades privadas que prestam serviço público.
   c) Apenas a Administração Pública Federal Indireta.
   d) Tanto a Administração Pública Federal Direta quanto Indireta.
   e) Somente a governos estaduais e municipais.

5. Uma das alterações da Lei nº 9.784/1999 inclui:
   a) Eliminação do contraditório.
   b) Procedimentos eletrônicos nos processos administrativos.
   c) Extensão para a administração privada.
   d) Abolição da necessidade de motivação

dos atos.

e) Limitação do direito de defesa.

6. A duração razoável do processo administrativo é garantida para:
   a) Aumentar a eficiência do serviço público.
   b) Reduzir a transparência.
   c) Prolongar decisões administrativas.
   d) Diminuir a participação do cidadão.
   e) Aumentar a burocracia no processo.

7. Qual é a consequência de uma decisão administrativa não fundamentada?
   a) É considerada válida.
   b) Não tem qualquer consequência.
   c) Pode ser contestada por falta de motivação.
   d) É automaticamente aceita pelo administrado.
   e) Não pode ser revista.

8. Quem está sujeito às normas da Lei do Processo Administrativo?
   a) Apenas servidores públicos federais.
   b) Todos os cidadãos brasileiros.
   c) Apenas os membros do Poder Judiciário.
   d) Apenas os membros do Poder Executivo.

e) Tanto servidores públicos quanto particulares em relação à Administração Pública Federal.

9. Um dos princípios básicos da Lei n° 9.784/1999 é:
   a) Impessoalidade.
   b) Parcialidade.
   c) Subjetividade.
   d) Favoritismo.
   e) Arbitrariedade.

10. Em relação aos prazos processuais, a Lei n° 9.784/1999 estabelece:
   a) Prazos indeterminados para maior flexibilidade.
   b) Não há menção a prazos na lei.
   c) Prazos específicos para cada tipo de processo.
   d) Prazos fixos para todos os processos.
   e) Prazos negociáveis entre as partes.

Gabarito comentado

1. Resposta: b. A Lei n° 9.784/1999 foi criada para estabelecer normas sobre o processo administrativo na Administração Pública Federal.
2. Resposta: c. A Lei assegura a ampla defesa e o contraditório, garantindo que os

administrados possam se manifestar e defender seus direitos.

3. Resposta: d. Todos os atos administrativos devem ser motivados, conforme determina a Lei.

4. Resposta: d. A Lei se aplica tanto à Administração Pública Federal Direta quanto à Indireta.

5. Resposta: b. Uma das alterações inclui a adoção de procedimentos eletrônicos nos processos administrativos.

6. Resposta: a. A duração razoável do processo visa aumentar a eficiência do serviço público.

7. Resposta: c. Uma decisão não fundamentada pode ser contestada por falta de motivação.

8. Resposta: e. Tanto servidores públicos quanto particulares estão sujeitos às normas da Lei em relação à Administração Pública Federal.

9. Resposta: a. Impessoalidade é um dos princípios básicos da Lei.

10. Resposta: c. A Lei estabelece prazos específicos para cada tipo de processo administrativo.

REFERÊNCIAS

BANDEIRA DE MELLO, Celso Antônio. **Curso de Direito Administrativo**. 35ª ed. São Paulo: Malheiros Editores, 2018.

CARVALHO FILHO, José dos Santos. **Manual de Direito Administrativo**. 32ª ed. São Paulo: Atlas, 2019.

DI PIETRO, Maria Sylvia Zanella. **Direito Administrativo**. 32ª ed. Rio de Janeiro: Forense, 2019.

GASPARINI, Diógenes. **Direito Administrativo**. 18ª ed. São Paulo: Saraiva, 2018.

MAZZA, Alexandre. **Manual de Direito Administrativo**. 8ª ed. São Paulo: Saraiva, 2020.

MEIRELLES, Hely Lopes. **Direito Administrativo**

Brasileiro. 45ª ed. São Paulo: Malheiros Editores, 2019.

MOREIRA NETO, Diogo de Figueiredo. **Curso de Direito Administrativo**. 17ª ed. Rio de Janeiro: Forense, 2020.

PEREIRA, Cleyson de Moraes Mello. **Direito Administrativo Simplificado**. 4ª ed. São Paulo: Método, 2021.

PIETRO, Maria Sylvia Zanella Di. **Parcerias na Administração Pública: concessão, permissão, franquia, terceirização, parceria público-privada e outras formas**. 10ª ed. São Paulo: Atlas, 2019.

SILVA, José Afonso da. **Curso de Direito Constitucional Positivo**. 41ª ed. São Paulo: Malheiros Editores, 2020.

CURRÍCULO DO AUTOR

Leonardo Flach é professor de Contabilidade (da graduação, mestrado e doutorado) na Universidade Federal de Santa Catarina, onde entrou no ano de 2010, como primeiro colocado no concurso público. É pesquisador reconhecido nacionalmente, com bolsa de Produtividade Científica do CNPQ PQ2, bolsa que chega a somente 0,4% dos professores do Brasil. Depois de cursar graduação, mestrado e doutorado, realizou o seu pós-doutorado em Contabilidade e Finanças pelo Massachusetts Institute of Technology (MIT/EUA). Atua em três programas de Pós-Graduação na UFSC: Programa de Pós-Graduação em Contabilidade (PPGC), Programa de Pós-Graduação em Propriedade Intelectual e Transferência de Tecnologia para a Inovação (PROFNIT), Programa de Pós-Graduação em Administração Universitária.

Já obteve 70 premiações nacionais e internacionais, publicou 4 livros, 126 artigos em revistas científicas, mais de 160 artigos em congressos científicos nacionais e internacionais, selo de mais de 1 milhão de visualizações das mais de 1300 videoaulas sobre ciência divulgadas no seu canal Prof. Dr. Leonardo Flach.

Com vasta experiência no exterior, atuou como professor visitante e pesquisador convidado no

Massachusetts Institute of Technology (MIT/EUA) (eleita a melhor Universidade do mundo pelo ranking Times Higher Education, na época em que lá esteve) e na Ludwig Maximilians Universität München (LMU-Munique-Alemanha), qualificada como a melhor universidade alemã, de acordo com o Best Global Universities U.S. News e pelo ranking da Times Higher Education. Professor do Programa de Pós-graduação em Contabilidade (PPGC) e do Programa de Pós-Graduação em Gestão Universitária (UFSC). Bolsista de Fixação de Recursos Humanos do CNPq – Nível A, 2020-2021.

Demonstrando liderança, atuou como Coordenador de Pesquisa do Centro Socioeconômico, Presidente do Congresso UFSC de Controladoria e Finanças, membro da Câmara de Pesquisa da UFSC, membro da Comissão Permanente de Cultura da UFSC, membro titular do conselho de pesquisa da UFSC, Coordenador do Programa de Pós-Graduação em Gestão Universitária. Liderou diversas pesquisas nacionais e internacionais financiadas. Líder do grupo de pesquisa NETEC, grupo de pesquisa cadastrado no Conselho Nacional de Desenvolvimento Científico e Tecnológico (CNPQ) desde 2002.

Participante e avaliador de artigos nos principais eventos científicos de Contabilidade da área, no Brasil e no Exterior, entre eles: Congresso da

American Accounting Association (Estados Unidos), Congresso European Accounting Association (Europa), Encontro da Associação Nacional de Pós-Graduação e Pesquisa em Administração (Enanpad), Congresso da Associação Nacional de Pós-Graduação em Contabilidade (Anpcont), Congresso Brasileiro de Custos. Doutor em Administração (UFRGS), com doutorado sanduíche na Freie Universität Berlin (Alemanha). Durante a graduação, estudou por dois semestres como aluno ouvinte no curso de Wirtschaftswissenschaft na Universidade de Dortmund (Alemanha). Realizou estágio na empresa HL-Planartechnik GmbH em Dortmund (Alemanha). Recebeu o prêmio Edmon Nader de melhor monografia no término do curso de graduação. Entre as publicações, encontram-se artigos em congressos renomados e em periódicos qualificados como A1, A2 e B1. Dentre suas produções artísticas, participou da gravação de 16 CDs, 2 DVDs, criou 18 arranjos musicais, gravou 3 trilhas sonoras para filmes curtas-metragens, atuou como líder de naipe (spalla) dos violoncelos e solista de orquestra, realizou turnês estaduais e uma turnê internacional, e foi membro fundador da Orquestra Camerata Florianópolis, com a qual tocou por 10 anos e foi líder de naipe por 5 anos. Em 2012, recebeu o 1º. Lugar no Prêmio Nacional Jabuti 2012 (Câmara Brasileira do Livro) na Área de Administração, Economia e Negócios, com capítulo de livro baseado em sua tese de doutorado.

Proficiente em inglês (TOEFL), em alemão (DSH), espanhol, e possui conhecimentos básicos de francês. Tem como atuais interesses de pesquisa Métodos Quantitativos Aplicados em Contabilidade Avançada, Finanças, Governança, Mercado de Capitais, Cooperativas.

Revisor de imporantes revistas científicas nacionais e internacionais, como: Journal of International Business and Economy, Revista de Administração Pública, Revista Base de Administração e Contabilidade. A conclusão do pós-doutorado no Massachusetts Institute of Technology (MIT/EUA) foi mais uma grande realização, por ser considerada a melhor universidade do mundo pelo ranking da Times Higher Education.

Premiações

1. 2023 Top 10% of Authors on SSRN by total new downloads within the last 12 months, SSRN – Social Science Research Network, Rochester, NY (USA)., SSRN – Social Science Research Network, Rochester, NY (USA).

2. 2023 Prêmio Internacional Competividad de las Pequeñasy Medianas Empresas, Fundación Internacional Universitas XXI (España).

3. 2023 Prêmio de Melhor Tese de Doutorado de 2022, com seu orientando de doutorado Jonatas Dutra Sallaberry e Indicação para o Prêmio Capes de Teses,

Programa de Pós-Graduação de Contabilidade UFSC.

4. 2023 Placa de Reconhecimento por 7000 inscritos no canal do Youtube Prof. Dr. Leonardo Flach com aulas de Contabilidade, Valuation, Métodos de pesquisa, e Investimentos, Google.

5. 2023 Vice-campeão do torneio Astel Open de Tênis, Astel.

6. 2023 Melhores trabalhos – USP International Conference on Accounting, USP.

7. 2023 Campeão do Torneio Unimed Open de Tênis, Unimed.

8. 2023 Melhor trabalho na área de Auditoria no USP International Conference on Accounting, Universidade de São Paulo.

9. 2023 Placa de Reconhecimento por 950.000 visualizações no canal do Youtube Prof. Dr. Leonardo Flach com aulas de Contabilidade, Valuation, Métodos de pesquisa, e Investimentos, Google.

10. 2023 1o. Lugar, Honra ao Mérito (trabalho da orientanda de graduação Claudia Minatto Alexandre), Conselho Regional de Contabilidade (CRC/SC).

11. 2023 Melhores artigos da área de Trabalhos Tecnológicos no VI UFSC International Accounting Congress, VI UFSC International Accounting Congress.

12. 2023 Diploma de Mérito Estudantil para a orientanda de graduação Claudia Minatto Alexandre, Universidade Federal de Santa Catarina.

13. 2023 Prêmio Programa Mestre Profissional Inovador, Sapienza e SINOVA.

14. 2023 Semifinalista do Campeonato Brasileiro de Tênis ITF 400, International Tennis Federation.

15. 2022 – Bolsa de Produtividade em Pesquisa do CNPq – Nível 2, CNPq – Conselho Nacional de Desenvolvimento Científico e Tecnológico.

16. 2022 – Listado no Ranking Internacional AD Scientific Index 2022 de Produtividade e Impacto Cientítico, com H-14 e 900 citações, AD Scientific Index.

17. 2022 – Honra ao Mérito (trabalho da orientanda de graduação Giovana Dallabrida), CRC – Conselho Regional de Contabilidade.

18. 2022 – Melhores artigos da área de Ensino e Pesquisa em Contabilidade no V UFSC International Accounting Congress, Universidade Federal de Santa Catarina.

19. 2022 – Melhores artigos da área de Contabilidade Financeira no V UFSC International Accounting Congress, Universidade Federal de Santa Catarina.

20. 2022 – Best Papers Award – 52th World Continuous Auditing and Reporting Systems Symposium (co-authoring with Lauren D. B. Venturini, Jonatas D. Sallaberry, Arthur F. Lerner); Theme: Crypto assets,

World Continuous Auditing and Reporting Systems Symposium – WCARS.

21. 2022 – Best Papers Award – 52th World Continuous Auditing and Reporting Systems Symposium (co-authoring with Eduardo A. Natividade); Theme: Blockchain, World Continuous Auditing and Reporting Systems Symposium – WCARS.

22. 2022 – Top 10% of Authors on SSRN by total new downloads within the last 12 months, SSRN – Social Science Research Network, Rochester, NY (USA), SSRN – Social Science Research Network, Rochester, NY (USA).

23. 2022 – Campeão do Torneio XXXII Open de Tênis AABB Florianópolis, Associação Atlética do Banco do Brasil (AABB) Florianópolis.

24. 2022 – Vice-campeão do Torneio ACM Open de Tênis, Associação Catarinense de Medicina.

25. 2022 – 1st Place in Leaderboard Contest, Congreso Iberoamericano de Control de Gestión, Santiago, Chile.

26. 2022 – Placa de Reconhecimento por 700.000 visualizações das mais de 1000 videoaulas no canal do Youtube Prof. Dr. Leonardo Flach, Youtube VidIQ.

27. 2022 – Vice-campeão do Torneio ATA Open de Tênis, Astel.

28. 2021 – Top Ten Download Papers, for the paper Internationalization, Investment and Evaluation of

Brazilian Post-Graduation: a Panel Data Regression, SSRN – Social Science Research Network, Rochester, NY (USA).

29. 2021 – Top 10% of Authors on SSRN by total new downloads within the last 12 months, SSRN – Social Science Research Network, Rochester, NY (USA), SSRN – Social Science Research Network, Rochester, NY (USA).

30. 2021 – Melhor trabalho da área Capital, Finanças e Desempenho, no 59º Congresso da SOBER & 6º EBPC – Encontro Brasileiro de Pesquisadores em Cooperativismo, SOBER & EBPC – Encontro Brasileiro de Pesquisadores em Cooperativismo.

31. 2021 – Melhores trabalhos da 2a. Mostra Científica Online de Estudos Empresariais, Universidade Federal de Sergipe.

32. 2021 – Melhores trabalhos do Congresso UFU de Contabilidade, Universidade Federal de Uberlândia.

33. 2021 – Best Paper Award no Congresso Internacional ENAJUS (Lisboa, Portugal) – Prêmio de Melhor trabalho, ENAJUS.

34. 2021 – Artigos mais acessados do ano na Revista Científica Multidisciplinar, RECIMA.

35. 2020 – Top 10% of Authors on SSRN by total new downloads within the last 12 months, SSRN – Social Science Research Network, Rochester, NY (USA), SSRN (Rochester, USA).

36. 2020 – Nomination for Bea Sanders/AICPA Innovation in Teaching Award, American Accounting Association.

37. 2020 – Indicação ao Melhor artigo/área do 3rd. UFSC International Accounting Congress, UFSC.

38. 2020 – Medalha do Mérito Cultural Cruz e Souza – Stagium 10 – Pérolas, Conselho Estadual de Cultura.

39. 2020 – Bolsa de Pesquisa Científica, Fixação de Recursos Humanos do CNPq – Nível A, CNPq – Conselho Nacional de Desenvolvimento Científico e Tecnológico.

40. 2019 – Top Ten Download Papers, for the paper Internationalization of Higher Education, SSRN – Social Science Research Network, Rochester, NY (USA), SSRN.

41. 2019 – Top 10% of Authors on SSRN by total new downloads within the last 12 months, SSRN – Social Science Research Network, Rochester, NY (USA), SSRN (Rochester, USA).

42. 2019 – Best Papers Award, 45th World Continuous Auditing and Reporting Systems Symposium (co-autoring with Bruno C. Prata), Theme: Earnings management, World Continuous Auditing and Reporting Systems Symposium.

43. 2019 – Best Papers Award – 45th World Continuous Auditing and Reporting Systems Symposium (co-authoring with Jonatas D. Sallaberry); Theme: Corruption, World Continuous Auditing and Reporting Systems Symposium – WCARS.

44. 2019 – 2º. Lugar – 9º Congresso UFSC de Iniciação Científica em Contabilidade ? coautoria com Matheus Moreira e Jonatas Sallaberry. Área: Finanças e Mercado de Capitais, UFSC.

45. 2019 – Melhor Artigo de Área e Melhores Artigos do Evento XII CASI – Coautoria com Alice Chaves e Jonatas Sallaberry, XII CASI.

46. 2019 – Melhores trabalhos de área – XII Congresso CASI – Coautoria com Carolina Kremer e Jonatas Sallaberry, XII Congresso CASI.

47. 2018 – Best Papers Award, 42th World Continuous Auditing and Reporting Systems Symposium, Theme: Blockchain, Structural Equation Modeling, 42th World Continuous Auditing and Reporting Systems Symposium.

48. 2018 – Menção honrosa no Prêmio Nacional Chico Ribeiro, Categorial Profissional, Instituto Social IRIS.

49. 2018 – Melhores artigos científicos da área de Finanças e Mercado de Capitais, Congresso UFSC de Controladoria e Finanças.

50. 2018 – Melhores trabalhos, ECECON.

51. 2018 – Mejores trabajos, Congreso Internacional de Educación Superior (Havana, Cuba), co-autoring with Luísa K. Mattos, Congreso Internacional de Educación Superior (Cuba).

52. 2016 – 2º. Lugar Prêmio ECECON, ECECON.

53. 2015 – Menção honrosa no IX Congresso ANPCONT; Área de Mercados Financeiros, de Crédito e de Capitais, Associação Nacional de Programas de Pós-Graduação em Ciências Contábeis; ANPCONT.

54. 2015 – 1º Lugar – Prêmio Internacional Prof. Antonio Lopes de Sá – Acadêmico Científico, Conselho Regional de Contabilidade de Minas Gerais.

55. 2014 – Medalha Cruz e Souza, Fundação Catarinense de Cultura.

56. 2014 – Finalista do Prêmio Estadual Sebrae de Empreendedorismo, Sebrae.

57. 2014 – Indicado ao prêmio nacional de inovação didática em disciplina de pós-graduação, USP.

58. 2013 – Prêmio ANPCONT de melhor avaliador ad hoc da área de Educação e Pesquisa em Contabilidade, ANPCONT.

59. 2013 – 1º Lugar – Melhor Divisão Acadêmica Ensino e Pesquisa em Adm e Cont, Associação Nacional de Pós-Graduação e Pesquisa em Administração e Contabilidade - ANPAD - Participação como avaliador de artigos, ANPAD.

60. 2012 – 1º Lugar no Prêmio Nacional Jabuti 2012 (Câmara Brasileira do Livro) na Área de Administração, Economia e Negócios, com capítulo de livro publicado em Aprendizagem Organizacional no Brasil, Câmara Brasileira do Livro.

61. 2011 – 1º Lugar – Melhor Divisão Acadêmica Administração Pública da ANPAD – EnANPAD, Associação Nacional de Pós-Graduação e Pesquisa em Administração e Contab. Participação como avaliador de artigos, ANPAD.

62. 2010 – 1º Lugar, Concurso Professor Adjunto – Área Recursos Humanos, UFU, Universidade Federal de Uberlândia.

63. 2010 – 1º Lugar, Concurso Professor Adjunto – Área Ciências Contábeis, aprendizagem, mídia e conhecimento – UFSC, Universidade Federal de Santa Catarina.

64. 2010 – 2º Lugar, Concurso Professor Assistente – Área Administração Pública, UDESC, Universidade do Estado de Santa Catarina.

65. 2008 – Bolsa de estudos de doutorado sanduíche na Freie Universität Berlin (Alemanha), Capes/DAAD.

66. 2006 – Bolsa de estudos de doutorado, Capes.

67. 2004 – Bolsa de estudos de mestrado, Capes.

68. 2003 – 1º Lugar – Prêmio Edmon Duarte Nader de melhor monografia, Universidade Federal de Santa Catarina.

69. 2001 – Prêmio da Fundação Catarinense de Cultura (Livro e CD Contar Cantando Lagusta Lague), Fundação Catarinense de Cultura.

70. 1991 – 1º Lugar no Ranking Infanto-Juvenil de Tênis do Paula Ramos Esporte Clube, Paula Ramos Esporte Clube.